KB272170

하루 한 장, 마음에 새기는
일본어 명언·명대사 필사 노트

하루 한 장, 마음에 새기는
일본어 명언·명대사 필사 노트

초판 1쇄 발행 2026년 3월 24일

지은이 와카메 센세
펴낸곳 (주)골드앤에스
펴낸이 양홍걸

홈페이지 japan.siwonschool.com
주소 서울시 영등포구 영신로 166 시원스쿨
교재 구입 문의 02)2014-8151
고객센터 02)6409-0878

ISBN 979-11-94687-46-7 13730
Number 1-310201-32329900-09

하루 한 장, 마음에 새기는

일본어 명언·명대사 필사 노트

와카메 센세 지음

S 시원스쿨닷컴

여러분께 드리는 편지

안녕하세요, 와카메 센세입니다.
이 책을 펼쳐 주셔서 고맙습니다.

일본어를 좋아하는 마음으로 시작했지만,
어느 날은 문장이 잘 외워지지 않아 속상하고,
가끔은 지치기도 하며 '언제쯤 실력이 느는 걸까?'
고민하게 되는 순간들이 있지요.
그 마음, 센세도 알고 있어요.

그래서 이 책은 덜 완벽해도 괜찮은 공부,
단어보다 마음이 먼저 닿는 공부를
만들고 싶다는 생각에서 시작되었어요.
하루 한 장, 따라 쓰는 이 문장들이
여러분의 오늘을 다정하게 감싸줄 수 있으면 좋겠어요.

이제, 우리 함께 써 볼까요?
작은 문장 하나에서 시작된 일본어의 여정이
분명 여러분만의 이야기가 될 거예요.

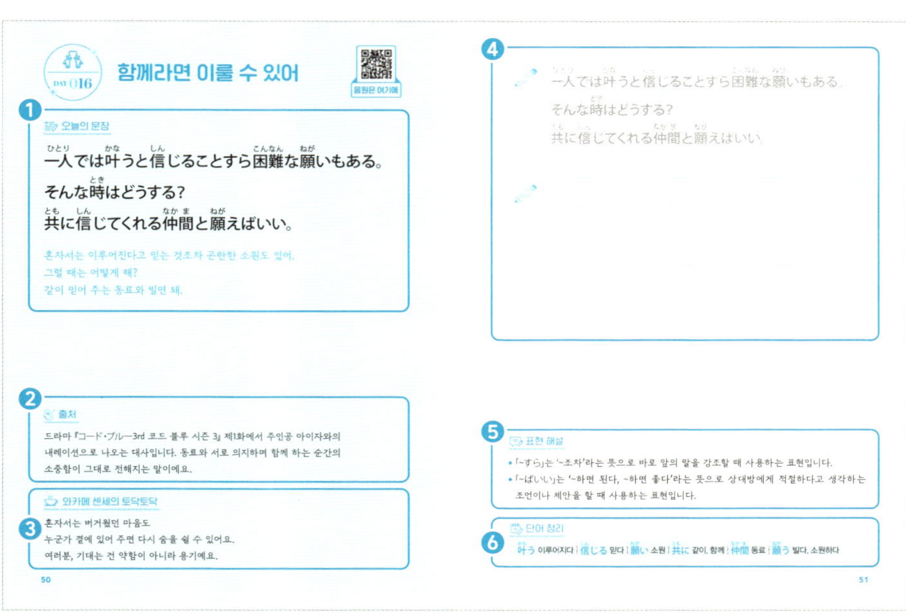

❶ 오늘의 문장

하루 한 문장, 일본어 원문을 먼저 만나 보세요. 모든 한자에는 후리가나가 달려 있어, 모르는 한자가 있어도 부담 없이 읽을 수 있어요. 소리 내어 읽어 보며 문장에 담긴 의미와 감정을 느껴보는 것도 좋아요.

❷ 출처

영화감독, 애니메이션 속 인물, 작가 등 다양한 인물들의 말과 작품 정보가 함께 소개되어 있어 문장을 더 깊이 이해할 수 있어요.

❸ 와카메 센세의 토닥토닥

저자 와카메 센세가 건네는 짧은 글을 통해 공감과 위안, 그리고 잔잔한 격려가 담긴 메시지를 만날 수 있어요.

❹ 따라 쓰기

가이드 줄을 따라 문장을 먼저 써 보세요. 선을 따라 천천히 쓰다 보면 내용에 더 집중할 수 있어요. 그 다음에는 가이드 없이, 문장을 다시 한번 자유롭게 써 보세요.

❺ 표현 해설

문장 속에 담긴 핵심 표현을 자세히 살펴보세요. 문법적 의미뿐만 아니라, 실제로 어떤 상황에서 쓰이는 표현인지까지 함께 설명해 이해를 도와요.

❻ 단어 정리

문장에 사용된 주요 단어들의 의미를 확인해 보세요. 새로운 단어를 하나씩 익히며 어휘력을 자연스럽게 쌓을 수 있어요.

목차

PART 2. 관계
가까움과 멀어짐 속 마음의 거리

PART 5. 용기
망설임 끝에 내딛는 한 걸음

PART 1

사랑 💟

마음을 건네는 순간

설렘, 애틋함, 깊이 있는 감정

사랑이 시작되던 날

✍️ 오늘의 문장

誰<ruby>だれ</ruby>かをすごく好<ruby>す</ruby>きになって、
自分<ruby>じぶん</ruby>にはそう思<ruby>おも</ruby>える人<ruby>ひと</ruby>がいて、
生<ruby>い</ruby>きてて良<ruby>よ</ruby>かったって思<ruby>おも</ruby>える。

누군가를 굉장히 좋아하게 되고,
나에게는 그렇게 생각할 수 있는 사람이 있어서,
살아 있어서 다행이라고 생각해.

🐚 출처

드라마 『First Love 初恋 퍼스트 러브 하츠코이』는 첫사랑의 아련함과 시간이 지나도 변치 않는 감정을 섬세하게 그려낸 작품이에요. 제8화에 야에의 대사는 과거의 기억과 감정에 정면으로 마주하며 진심을 털어놓는 순간을 잘 나타내었어요.

☕ 와카메 센세의 토닥토닥

사랑이 시작되는 순간, 우리는 비로소 '누군가를 위해 살아간다'는 마음을 알게 됩니다.
그 사람이 존재한다는 사실만으로도 평범한 하루가 빛나죠.
여러분의 사랑도 그렇게 시작되었나요?

誰<ruby>だれ</ruby>かをすごく好<ruby>す</ruby>きになって、

自分<ruby>じぶん</ruby>にはそう思<ruby>おも</ruby>える人<ruby>ひと</ruby>がいて、

生<ruby>い</ruby>きてて良<ruby>よ</ruby>かったって思<ruby>おも</ruby>える。

📝 표현 해설

- 「～て、～て」는 '~하고 ~해서'라는 뜻으로 여러 동작이나 상태를 이어 말할 때 사용합니다.
- 「生きてて」는 「生きていて」에서 「い」를 생략한 형태로 회화체에서 자주 사용합니다.
- 「～って思える」는 '~라고 생각되다, ~라고 느껴지다'라는 뜻으로 화자의 솔직한 심정이나 진심을 전할 때 사용합니다. 여기에서 「～って」는 「～と」의 회화체 형태로 '~라고' 해석합니다.

📝 단어 정리

好きになる 좋아하게 되다 | 自分 나, 자신 | 思える 생각되다, 느껴지다 | 生きる 살다, 생존하다 | 良かった 다행이다, 잘됐다

이런 기분, 처음이야

✏️ 오늘의 문장

なんかね、
その人が笑うと、自分も嬉しくなるんだ。
これって、どういう気持ちなんだろう。

있잖아,
그 사람이 웃으면, 나도 기뻐진다.
이건, 어떤 마음일까?

🔖 출처

드라마 『重版出来！중쇄를 찍자!』 제4화에 등장하는 코이즈미 준의
이 대사는 만화를 진심으로 좋아하는 그가 누군가의 감정을 함께
공감하는 순간을 담담하게 표현한 장면이에요. 드라마는 출판 업계를
배경으로, 일에 대한 열정과 인간적인 성장을 따뜻하게 그려 냅니다.

☕ 와카메 센세의 토닥토닥

사랑은 때때로 이유 없이 찾아옵니다.
그 사람이 웃는 것만으로도 마음이 따뜻해지고,
그 사람의 기쁨이 곧 내 기쁨이 되지요.
어쩌면, 그것이 사랑이 시작되는 방식 아닐까요?

なんかね、

その人が笑うと、自分も嬉しくなるんだ。

これって、どういう気持ちなんだろう。

- 「なんかね」는 '있잖아, 저기 말이야'라는 뜻의 친근한 말투로, 말문을 열거나 속마음을 꺼낼 때 자주 사용합니다.
- 「~んだ」는 「~のだ」의 회화체로 설명이나 감정을 부드럽게 표현할 때 사용합니다.
- 「~って」는 회화에서 화제(주제)를 제시하거나 인용할 때 사용되며, 여기에서는 화제를 부각하는 역할을 합니다.
- 「~んだろう」는 「~のだろう」의 회화체 표현으로 추측하거나 의문을 나타낼 때 사용합니다. '~일까?, ~인 걸까?'처럼 스스로에게 묻는 느낌으로 자주 쓰입니다.

단어 정리

笑う 웃다 | 嬉しい 기쁘다 | どういう 어떤, 무슨 | 気持ち 마음, 기분

마음은 전해질까

📝 오늘의 문장

あんたのことなんか、最初から、っ好きじゃなかった！
でも……でも、あんたのこと、俺、たぶん、
世界の誰よりも、好きだった。

너 같은 거, 처음부터, 좋아하지 않았어!
그렇지만…… 그렇지만, 너를, 난, 아마,
세상 누구보다도, 좋아했어.

🖱 출처

이 장면은 신카이 마코토 감독의 애니메이션 영화 『言の葉の庭 언어의 정원』
후반부에서, 서로에게 특별한 감정을 품고 있던 두 사람이 마지막 순간에
진심을 꺼내는 장면이에요. "좋아하지 않았어!"라는 말로 시작되지만,
그 말 뒤에 숨겨진 진심은 "세상 누구보다도 좋아했어"라는 고백이었죠.
마음은 말처럼 단순하지 않기에 때로는 상처를 주는 듯한 말 속에 가장
깊은 진심이 담겨 있는지도 몰라요.

☕ 와카메 센세의 토닥토닥

"좋아하지 않았어!"라고 말한 그 순간,
사실은 가장 많이 좋아했던 게 아닐까요?
서툰 표현 속에도 진심은 언제나 스며 있어요.
비록 전해졌는지는 알 수 없지만, 그 마음만큼은 분명히 '진짜'였어요.

あんたのことなんか、最初（さいしょ）から、っ好（す）きじゃなかった！

でも……でも、あんたのこと、俺（おれ）、たぶん、

世界（せかい）の誰（だれ）よりも、好（す）きだった。

- 「あんたのこと」는 '너에 대한 모든 것', 즉 너라는 존재 전체를 가리키며, 감정이 담긴 표현에서 애정이나 마음을 깊이 있게 전할 때 자주 사용합니다.
- 「~なんか」는 '~같은 거, ~따위'라는 뜻으로 대상을 낮춰 말할 때 쓰는 표현입니다.
- 「~っ好きじゃなかった」는 '좋아하지 않았어'라는 뜻이며, 여기에서 맨 앞에 쓰인 'っ'는 말을 꺼내기 전에 감정이 북받쳐 잠시 멈칫하는 상태를 나타냅니다.

단어 정리

あんた 너, 당신[다소 거친 말투, 친밀하거나 감정이 격할 때 사용] | こと 것 | 最初（さいしょ） 처음, 최초 | でも 그렇지만 | 俺（おれ） 나[남성어, 자신감 있고 캐주얼한 느낌] | 好きだ（す） 좋아하다[때로는 '사랑하다'의 뜻으로도 사용되며 감정의 강도에 따라 다름]

가까워질수록 더 어려운 말

✎ 오늘의 문장

好きって言葉が、
こんなにも言いにくいなんて思わなかった。
距離が近いほど、言えなくなることもあるんだよね。
ただ一言、それだけなのに、胸が苦しくなる。

'사랑해'라는 말이,
이렇게나 말하기 어려울 줄 몰랐어.
거리가 가까울수록, 말할 수 없어지는 것도 있잖아.
단 한마디, 그것뿐인데, 가슴이 답답해져.

출처

TV 애니메이션 『好きっていいなよ。사랑한다고 말해.』 제6화에 나온 대사로
타치바나 메이의 속마음과 내레이션을 기반으로 한 장면입니다.
단순한 말이지만, 가까운 사람일수록 오히려 더 솔직해지기 어려운 순간을
섬세하게 그려낸 감성적인 장면이에요.

☕ 와카메 센세의 토닥토닥

사랑은 늘 말처럼 쉬운 감정이 아니에요.
단순한 말 한마디가 때로는 가장 용기를 필요로 하는 고백일 수 있어요.
아직 말하지 못한 마음이 있다면, 오늘만큼은 그 감정을 여러분 스스로
먼저 다정하게 안아 주세요.

好きって言葉が、

こんなにも言いにくいなんて思わなかった。

距離が 近いほど、言えなくなることもあるんだよね。

ただ一言、それだけなのに、胸が苦しくなる。

- 「好き」는 직역하면 '좋아해'라는 의미이지만, 한국어 자막에서는 감정의 깊이나 상황의 진정성을 고려해 '사랑해'라는 말로 번역되는 경우도 많습니다.
- 「~なんて思わなかった」는 예상 못 한 감정이나 후회를 담아 '~할 줄 몰랐어'로 해석합니다.
- 「형용사＋ほど~」는 '~할수록 ~하다'라는 표현으로 뒤에 정도나 경향의 변화를 나타내는 문장이 옵니다.
- 「~んだよね」는 '~하잖아, ~한 거야, ~하거든'과 같은 의미로 설명이나 이유를 부드럽게 전하면서, 상대의 공감을 유도할 때 쓰는 표현입니다.

단어 정리

言葉 말, 단어 | 距離 거리 | 一言 한마디 | 胸 가슴 | 苦しくなる 답답해지다, 아파지다

네가 웃으면 나도 좋아

✍️ 오늘의 문장

私の好きは、その人が笑っててくれること。
笑っててくれたら、あとはもう何でもいい。
そういう感じ。

내가 좋아하는 건, 그 사람이 웃어 주는 것.
웃어 준다면, 그 외에는 뭐든 상관없어.
그런 느낌.

🐁 출처

드라마 『大豆田とわ子と三人の元夫 오오마메다 토와코와 세 명의 전 남편』
제9화에 나오는 대사예요. 사랑의 정의를 복잡하게 설명하기보다 "그 사람이
웃고 있다는 사실 하나만으로 좋다"고 말하는 토와코의 담담한 고백을
통해 조건 없는 애정과 순수한 진심을 전하고 있습니다.

☕ 와카메 센세의 토닥토닥

사랑이란, 어쩌면 뭔가 대단한 걸 해 주는 게 아닐지도 몰라요.
그 사람이 웃고 있다는 사실 하나만으로도
내 하루가 따뜻해진다면, 그건 이미 마음이 움직였다는 증거예요.

私の好きは、その人が笑っててくれること。

笑っててくれたら、あとはもう何でもいい。

そういう感じ。

- 「笑っていて」는 웃고 있는 상태를 나타내는데, 회화에서 「い」를 생략하고 「笑ってて」로 쓸 수 있습니다.
- 「~てくれる」는 '~해 주다'라는 뜻으로 상대가 나를 위해 어떤 행동을 해 줄 때 쓰이며, 고마움이나 애정을 담아 표현할 때 사용합니다.
- 「~たら、何でもいい」는 어떤 조건만 충족되면, 그 외에는 상관없다는 뜻으로 최소 조건에만 만족하면 충분하다는 의미를 나타냅니다.

단어 정리

あとは 그 외에는, 그 다음은 | 何でもいい 뭐든 상관없다 | 感じ 느낌

그냥 너라서 좋았어

📝 오늘의 문장

私は彼のことが好きだった。

かっこいいからとか、優しいからとか、

そういうことじゃなくて、

彼だから好きだった。

나는 그를 좋아했어.
멋있기 때문에 라든가, 상냥하기 때문에 라든가,
그런 것이 아니라,
그이기 때문에 좋아했어.

🐚 출처

드라마 『オレンジデイズ 오렌지 데이즈』 제9화에 나왔던 이 대사는 사랑의 이유를 어떠한 조건으로 설명하지 않고, '그 사람이었기 때문에' 좋아했음을 솔직하게 고백하는 순간입니다. 조건이나 이유가 아닌 그 사람 자체를 사랑하는 마음이 무엇인지 조용하지만 깊이 있게 전해 주는 대사예요.

☕ 와카메 센세의 토닥토닥

누군가를 이유 없이 좋아해 본 적 있나요?
멋져서도, 착해서도 아닌데 그냥 그 사람이어서 좋은 마음.
사랑은 때때로 어떤 이유보다 '그 사람'이라는 사실 하나로 충분하답니다.

私は彼のことが好きだった。

かっこいいからとか、優しいからとか、

そういうことじゃなくて、

彼だから好きだった。

- 「~のことが好き」는 '~와/과 관련된 모든 것을 좋아한다'라는 뜻으로 감정을 섬세하게 표현할 때 사용합니다.
- 「~とか~とか」는 '~라든가 ~라든가'라는 뜻으로 여러 이유나 예시를 나열할 때 사용하는 회화체 표현입니다.
- 「~じゃなくて」는 '~이/가 아니라'는 뜻으로 앞에 언급한 내용을 부정하고, 뒤의 진짜 이유나 상황을 강조할 때 사용합니다.
- 「~だから好きだった」는 이유를 강조하는 말로, 단순한 조건이 아니라 '존재 자체'에 대한 마음을 표현합니다.

단어 정리

彼 그, 그 사람 | かっこいい 멋있다 | 優しい 상냥하다, 다정하다 | そういう 그런

언제나 내 곁에 있어 줘

📝 오늘의 문장

<ruby>俺<rt>おれ</rt></ruby>が、お<ruby>前<rt>まえ</rt></ruby>のこと<ruby>絶対幸<rt>ぜったいしあわ</rt></ruby>せにする。

これからもケンカすると<ruby>思<rt>おも</rt></ruby>うし、

<ruby>文句<rt>もんく</rt></ruby>もたくさん<ruby>言<rt>い</rt></ruby>うと<ruby>思<rt>おも</rt></ruby>うし、

<ruby>口<rt>くち</rt></ruby>きかなくなるときもあると<ruby>思<rt>おも</rt></ruby>うけど、

ずっと<ruby>俺<rt>おれ</rt></ruby>のそばにいてほしい。

내가, 너를 꼭 행복하게 할 거야.
앞으로도 싸울 거라고 생각하고,
불만도 많이 말할 거라고 생각하고,
말이 없어질 때도 있을 거라고 생각하지만,
계속 내 곁에 있어 줬으면 좋겠어.

🖐 출처

드라마 『プロポーズ大作戦SP 프러포즈 대작전 SP』에서 프러포즈를 하는 장면에서 나오는 대사예요. 사랑하는 상대와 때로는 다투기도 하고 불만을 가질 때도 있겠지만 그 모든 과정을 함께 견디고 헤쳐 나가는 것이야말로 진정한 사랑이라고 할 수 있겠지요.

☕ 와카메 센세의 토닥토닥

완벽해서 곁에 있는 게 아니에요.
서툴고, 다투고, 말이 통하지 않는 순간이 와도 그래도 함께하겠다는 마음 그게 사랑이에요.

俺が、お前のこと絶対幸せにする。

これからもケンカすると思うし、

文句もたくさん言うと思うし、

口きかなくなるときもあると思うけど、

ずっと俺のそばにいてほしい。

- 「명사＋にする」는 일반적으로 '(명사)로 하다'라는 뜻으로 사용되지만, 원문에서처럼 명사 자리에 「幸せ 행복」이라는 단어가 오면 '행복으로 하다'가 아닌, '행복하게 하다'라는 의미가 됩니다.
- 「동사 보통형＋し＋동사 보통형＋し」는 '~하고 ~하고'라는 뜻으로 나열이나 열거를 할 때 쓸 수 있는 표현입니다.
- 「口きかなくなる」는 '말이 없어지다'라는 뜻으로 「口をきく 말을 하다」라는 표현 뒤에 「~なくなる ~하지 않게 되다」를 붙여 부정형으로 만든 표현입니다.

단어 정리

絶対 꼭, 절대 | **ケンカする** 싸우다 | **文句** 불만 | **~けど** ~지만 | **ずっと** 계속, 쭉 | **そば** 곁, 옆 |
~てほしい ~해 줬으면 좋겠다

사랑이 언젠가 끝나도

📝 오늘의 문장

<ruby>別<rt>わか</rt></ruby>れたとしても、
<ruby>別<rt>わか</rt></ruby>れるまでに<ruby>楽<rt>たの</rt></ruby>しいことがいっぱいあったら、
それでいいのにね。

別れたとしても、
別れるまでに楽しいことがいっぱいあったら、
それでいいのにね。

헤어졌다고 하더라도,
헤어질 때까지 즐거운 일이 많이 있었다면,
그것으로 괜찮은데.

🐚 출처

드라마 『silent サイレント 사일런트』 제4화에서 미나토가 츠무기에게
담담히 건네는 대사예요.
사랑이 끝날지도 모른다는 걸 알면서도, 이별이 다가오고 있음을 느끼면서도,
함께했던 시간이 소중했기에 괜찮다고 말하는 장면이죠.

☕ 와카메 센세의 토닥토닥

사랑이 끝난다는 건 슬픈 일이에요.
하지만 끝이 있다고 해서, 그 사랑이 헛되었던 건 아니에요.
함께 웃었던 순간들, 함께 걸었던 계절이 있었다면
그 사랑은 분명 아름다웠던 거예요.

<ruby>別<rt>わか</rt></ruby>れたとしても、

<ruby>別<rt>わか</rt></ruby>れるまでに<ruby>楽<rt>たの</rt></ruby>しいことがいっぱいあったら、

それでいいのにね。

📝 표현 해설

- 「~としても」는 '~라고 하더라도'라는 뜻으로 어떤 상황이 발생한다고 가정해도 결과가 변하지 않을 때 쓰는 표현입니다.
- 「~までに」는 '~할 때까지'라는 뜻으로 어떤 일이나 행동이 특정 시점 내에 끝나야 함을 나타냅니다.
- 「~たら、それでいい」는 '~다면, 그것으로 괜찮다'라는 만족 표현입니다.
- 「~のにね」는 '~인데 말이야'라는 뜻으로 사실은 그렇지 않지만 그랬으면 좋았을 텐데 하는 아쉬움을 담은 표현입니다.

📝 단어 정리

<ruby>別<rt>わか</rt></ruby>れる 헤어지다 | <ruby>楽<rt>たの</rt></ruby>しい 즐겁다 | こと 일, 것[행위나 경험을 추상적으로 표현] | いっぱい 많이, 가득

사랑, 끝은 아니야

📝 오늘의 문장

なんとなく好きで、
その時は好きだとも言わなかった人のほうが、
いつまでもなつかしいのね。忘れられないのね。
別れたあとってそうらしいわ。

왠지 모르게 좋아하고,
그때는 좋아한다고도 말하지 않았던 사람 쪽이,
언제까지나 그리워. 잊을 수 없어.
헤어진 뒤라는 건 그런 거래.

🐚 출처

이 문장은 일본의 노벨문학상 수상 작가 가와바타 야스나리(川端康成)가 남긴 『失恋名言集 실연 명언집』 속 한 구절입니다. 그의 작품들은 늘 절제된 표현 속에서도 지워지지 않는 감정의 여운을 전해 줍니다. 그리움과 사랑의 복잡한 결을 섬세하게 그려낸 이 구절은 이별 이후에도 계속되는 사랑을 조용히 말해 줍니다.

☕ 와카메 센세의 토닥토닥

끝난 줄 알았던 사랑이 마음속 깊은 곳에서 아직도 조용히 숨 쉬고 있음을 느낄 때가 있어요. 말하지 못했던 마음이, 가장 오래 남는다는 걸……
그건 어쩌면 사랑이 끝난 것이 아니라, 그저 조용히 계속되고 있었던 것일지도 몰라요.

なんとなく好きで、

その時は好きだとも言わなかった人のほうが、

いつまでもなつかしいのね。忘れられないのね。

別れたあとってそうらしいわ。

- 「~とも言わなかった」는 '~라고도 말하지 않았다'라는 뜻으로 「とも」는 강조를, 「なかった」는 과거 부정을 나타내며, 어떤 말을 할 수 있었지만 그 최소한의 말조차 하지 않았음을 강조할 때 사용합니다.
- 「~ほうが~」는 '~쪽이 더 ~하다'라는 뜻으로 두 가지를 비교할 때 쓰는 표현입니다.
- 「~ね」는 상대방의 공감을 유도하거나 자신의 감정에 여운을 남길 때 쓰는 종조사입니다.
- 「~らしい」는 '~라고 하더라, ~인 것 같아'라는 뜻으로 소문이나 전해 들은 정보를 바탕으로 추측하거나 내용을 전달할 때 사용하는 표현입니다.
- 「~わ」는 여성어로, 말끝을 부드럽고 감성적으로 마무리할 때 사용합니다.

단어 정리

なんとなく 왠지 모르게 | なつかしい 그립다, 아련하다 | 忘れる 잊다

DAY 010 놓아주는 것도 사랑이야

📝 오늘의 문장

あの人を自由にしてあげるのが、
一番の優しさなんじゃないかなって、
最近やっと思えるようになった。

그 사람을 자유롭게 해 주는 것이,
가장 큰 다정함인 게 아닐까 하고,
요즘 겨우 생각하게 됐어.

🐚 출처

드라마 『最高の離婚 최고의 이혼』 제10화에 나온 대사에요.
미처 깨닫지 못했던 사랑의 형태를 조금씩 이해해 가는 인물이 관계의
끝에서야 진짜 다정함은 붙잡는 것이 아니라 놓아주는 것일지도 모른다는
깊은 통찰을 전하는 장면입니다. 헤어짐 속에서도 애틋함과 성장이 느껴
지는 인상적인 대사예요.

☕ 와카메 센세의 토닥토닥

사랑이란, 꼭 붙잡는 것만이 전부는 아니에요.
때로는 기꺼이 보내 주는 용기가, 마음 깊은 곳의 진심을 말해 주기도 합니다.

 あの人を自由にしてあげるのが、

一番の優しさなんじゃないかなって、

最近やっと思えるようになった。

- 「~てあげる」는 '~해 주다'라는 뜻으로 누군가를 위해 내가 어떤 행동을 해 줄 때 사용하며, 배려나 호의를 나타냅니다.
- 「명사+なんじゃないかな」는 '~인 게 아닐까'라는 부드러운 추측 표현으로, 자신의 생각을 조심스럽게 말할 때 자주 사용합니다. 「명사+なのではないか」의 회화체 표현입니다.
- 「동사 가능형/기본형+ようになった」는 '~하게 되었다'라는 뜻으로 어떤 상태나 마음이 변화하여 새로운 행동이나 상황이 가능해졌을 때 쓰는 표현입니다.

단어 정리

あの人 그 사람[화자와 청자가 모두 알고 있는 제3자를 말할 때 사용] | 自由にする 자유롭게 하다 |
一番 가장, 최고 | 優しさ 다정함, 상냥함 | やっと 겨우, 이제야, 가까스로

PART 2

관계

가까움과 멀어짐 속 마음의 거리

거리감, 대화, 배려, 이어짐

진심은, 부딪쳐야 닿는다

🖋 오늘의 문장

ぶつからなきゃ
伝（つた）わらないことだってあるよ。
たとえば、自分（じぶん）がどれくらい真剣（しんけん）なのか、とかね。

부딪치지 않으면
전해지지 않는 것도 있어.
예를 들면, 자신이 얼마나 진지한지, 같은 거 말이야.

🐚 출처

TV 애니메이션 『ソードアート・オンラインII 소드 아트 온라인 II』 제20화에서 암으로 시한부 판정을 받은 소녀 유우키가 진심 어린 말로 아스나에게 전하는 대사입니다. 부딪치기를 두려워하지 않아야 진심도 전해진다는 메시지가 마음을 울리는 장면이에요.

☕ 와카메 센세의 토닥토닥

말하지 않으면 알 수 없어요.
용기를 내어 다가갈 때, 그 마음은 반드시 닿을 수 있어요.
진심은 피하지 않고 부딪칠 때 빛이 납니다.

ぶつからなきゃ

伝^{った}わらないことだってあるよ。

たとえば、自分^{じ ぶん}がどれくらい真剣^{しんけん}なのか、とかね。

- 「~なきゃ」는 「~なければ」의 축약형으로 '~하지 않으면'이라는 뜻입니다. 「~なければ」보다 더 가볍고 친근한 느낌을 주며 주로 회화에서 쓰입니다.
- 「~だって」는 '~도, ~조차'라는 뜻으로 조사 「も」 대신에 회화체에서 강조하거나 예시를 나열할 때 사용하는 표현입니다.
- 「~とかね」는 '~같은 거 말이야, ~라든가 말이야'라는 뜻으로 주로 예시를 들거나 말을 부드럽게 마무리 할 때 쓰는 말투입니다.

단어 정리

ぶつかる 부딪치다 | 伝^{った}わる 전해지다 | たとえば 예를 들면 | どれくらい 얼마나 |
真剣^{しんけん}だ 진지하다, 진심이다

스스로 키워 가는 다정함

✐ 오늘의 문장

優しさは、体が成長するのと同じで
自分の中で育てていく心、良心なんだって。
だから、人によって形が違うんだって。

다정함은, 몸이 성장하는 것과 같이
자신 안에서 키워 가는 마음, 양심이래.
그래서, 사람에 따라 형태가 다르대.

출처

TV 애니메이션 『フルーツバスケット 후르츠 바스켓』 제3화에서 여자 주인공인 혼다 토오루가 다정함에 대해 이야기하는 장면입니다. 신체의 성장은 멈출 수 있어도, 다정함은 마음먹기에 따라 커지기도, 작아지기도 한다는 메시지가 담겨 있어요.

☕ 와카메 센세의 토닥토닥

다정해지려고 애쓰는 그 마음,
그 자체로 이미 충분히 다정해요.
모양이 달라도, 속도가 조금 느려도 괜찮아요.

優^{やさ}しさは、体^{からだ}が成長^{せいちょう}するのと同^{おな}じで

自分^{じぶん}の中^{なか}で育^{そだ}てていく心^{こころ}、良心^{りょうしん}なんだって。

だから、人^{ひと}によって形^{かたち}が違^{ちが}うんだって。

표현 해설

- 「동사 て형+いく」는 '~해 가다'라는 뜻으로 상태의 변화에 대해 말할 때 쓰는 표현입니다.
- 「~だって」는 '~래, ~라는 군'이라는 뜻으로 누군가의 말이나 사실을 인용할 때 쓸 수 있는 표현입니다.
- 「명사+によって」는 '~에 따라, ~에 의해'라는 뜻으로 어떤 결과나 변화가 특정한 원인, 조건에 의해 발생함을 나타낼 때 쓰는 표현입니다.

단어 정리

体^{からだ} 몸, 신체 | 成長^{せいちょう} 성장 | 同^{おな}じだ 같다 | 育^{そだ}てる 키우다, 기르다 | 心^{こころ} 마음 | 良心^{りょうしん} 양심 |

だから 그래서 | 形^{かたち} 형태, 모양 | 違^{ちが}う 다르다

DAY 013 말하지 않은 진심

✍️ 오늘의 문장

言葉には裏と表があるの。
口に出したことがすべてじゃないのよ。
人の弱いところね。

말에는 겉과 속이 있어.
입 밖에 낸 것이 전부는 아니야.
(그게) 사람의 약한 부분이지.

🐚 출처

TV 애니메이션 『ヴァイオレット・エヴァーガーデン 바이올렛 에버가든』
제2화에서 감정을 잘 모르는 소녀 바이올렛에게 '말이 전부가 아니라는
것'을 알려 주며, 상대의 진심을 헤아리는 방법을 가르치는 카트레아의
대사입니다. 이 장면은 사람의 마음이 말보다 더 깊고, 훨씬 복잡하다는
의미를 잘 나타내고 있어요.

☕ 와카메 센세의 토닥토닥

모든 감정이 말로 표현되진 않아요.
때로는 아무 말 없어도, 전해지는 마음이 있어요.
그 따뜻한 침묵을 믿어도 괜찮습니다.

言葉には裏と表があるの。

口に出したことがすべてじゃないのよ。

人の弱いところね。

- 「~の」가 문장 끝에 오는 경우, 여성스러운 말투가 되며 무언가를 부드럽게 설명할 때 자주 사용합니다.
- 「~じゃないのよ」는 '~이/가 아니야'라는 뜻으로 상대에게 부드럽게 부정적인 내용을 전달할 때 쓰는 표현입니다.

단어 정리

裏 속, 안쪽 | 表 겉, 표면 | 口に出す 입 밖에 내다, 말하다 | すべて 전부, 모든 것 | ところ 부분, 곳

내 마음에 집중하기

✑ 오늘의 문장

どうにもならない
他人（た にん）の気持（き も）ちはあきらめて

どうにかなる
自分（じ ぶん）の気持（き も）ちだけ変（か）えませんか。

어떻게도 안 되는
다른 사람의 기분은 포기하고
어떻게든 되는
내 기분만 바꾸지 않을래요?

🐚 출처

청춘 배구 만화 『少女ファイト 소녀 파이트』에서 오다기리 마나부가
주인공인 오오이시 네리에게 건네는 대사예요. 다른 사람의 감정은 결코
자신의 마음대로 바꿀 수 없기 때문에 스스로의 힘으로 바꿀 수 있는 자신의
감정에만 에너지를 써야 한다는 메시지를 담고 있습니다.

☕ 와카메 센세의 토닥토닥

어찌할 수 없는 남의 마음 때문에 너무 애쓰지 마세요.
대신, 유일하게 내 마음대로 할 수 있는
나의 기분부터 살뜰히 챙겨 주기로 해요.

どうにもならない

他人の気持ちはあきらめて

どうにかなる

自分の気持ちだけ変えませんか。

- 「どうにもならない」는 '어떻게도 안 된다, 어쩔 수 없다'라는 뜻으로 자신의 의지만으로는 바꾸기 어렵거나 해결할 수 없는 어려운 일에 대해 말할 때 사용하는 표현입니다.
- 「どうにかなる」는 '어떻게든 된다'라는 뜻으로 불확실한 상황에서도 어떻게든 해결될 것이라는 확신을 나타내는 표현입니다.
- 「동사 ます형+ませんか」는 '~하지 않을래요?, ~하지 않겠습니까?'라는 뜻으로 상대방에게 무언가를 권유할 때 사용하는 표현입니다.

단어 정리

他人 다른 사람, 남 | あきらめる 포기하다, 체념하다 | ～だけ ～만, ～뿐 | 変える 바꾸다, 변화시키다

함께 있어도 외로운 순간

📝 오늘의 문장

僕たちはこの先もずっと一緒にいることはできないと、
はっきりと分かった。
僕たちの前には未だ巨大すぎる人生が、
茫漠とした時間が、どうしようもなく横たわっていた。

우리는 앞으로도 계속 함께 있을 수 없다고,
확실히 깨달았다.
우리 앞에는 아직도 너무 거대한 인생이,
아득한 시간이, 어쩔 도리 없이 가로놓여 있었다.

🐚 출처

애니메이션 영화 『秒速5センチメートル 초속 5센티미터』는 신카이 마코토
감독의 대표작 중 하나로, 서로를 좋아하면서도 점점 멀어져 가는 두 사람의
관계를 섬세하게 그려낸 작품이에요.
이 대사는 마음이 닿지 못한 채 각자의 길을 걷게 되는 주인공의 내면을
잘 보여 줍니다.

☕ 와카메 센세의 토닥토닥

같은 곳에 있어도 마음은 왠지 멀게만 느껴질 때가 있죠.
그런 순간에도 우리는 누군가를 잃지 않기 위해
조용히 애쓰고 있는지도 몰라요.

僕たちはこの先もずっと一緒にいることはできないと、
はっきりと分かった。
僕たちの前には未だ巨大すぎる人生が、
茫漠とした時間が、どうしようもなく横たわっていた。

- 「~と分かった」는 '~라고 알게 되었다'라는 뜻으로 깨달음이나 인식의 순간을 표현할 때 사용합니다.
- 「~すぎる」는 '너무 ~하다'라는 뜻으로 기준보다 정도가 지나칠 때 쓰는 표현입니다.
- 「~ていた」는 '~하고 있었다'라는 뜻으로 과거의 특정 시점에서 어떤 동작이나 상태가 지속되고 있었음을 나타낼 때 사용합니다.

단어 정리

この先 앞으로, 이 앞, 이후, 미래 | 一緒に 함께 | 未だ 아직도, 여전히 | 巨大だ 거대하다 |
茫漠だ 아득하다, 막연하다 | どうしようもない 어쩔 도리가 없다 | 横たわる 가로놓이다, (가로) 눕다

DAY 016 함께라면 이룰 수 있어

🖊 오늘의 문장

一人では叶うと信じることすら困難な願いもある。
そんな時はどうする?
共に信じてくれる仲間と願えばいい。

혼자서는 이루어진다고 믿는 것조차 곤란한 소원도 있어.
그럴 때는 어떻게 해?
같이 믿어 주는 동료와 빌면 돼.

🐚 출처

드라마 『コード・ブルー3rd 코드 블루 시즌 3』 제1화에서 주인공 아이자와의
내레이션으로 나오는 대사입니다. 동료와 서로 의지하며 함께 하는 순간의
소중함이 그대로 전해지는 말이에요.

☕ 와카메 센세의 토닥토닥

혼자서는 버거웠던 마음도
누군가 곁에 있어 주면 다시 숨을 쉴 수 있어요.
여러분, 기대는 건 약함이 아니라 용기예요.

一人では叶うと信じることすら困難な願いもある。

そんな時はどうする?

共に信じてくれる仲間と願えばいい。

- 「~すら」는 '~조차'라는 뜻으로 바로 앞의 말을 강조할 때 사용하는 표현입니다.
- 「~ばいい」는 '~하면 된다, ~하면 좋다'라는 뜻으로 상대방에게 적절하다고 생각하는 조언이나 제안을 할 때 사용하는 표현입니다.

단어 정리

叶う 이루어지다 | 信じる 믿다 | 願い 소원 | 共に 같이, 함께 | 仲間 동료 | 願う 빌다, 소원하다

DAY 017 보이지 않아도 전해지는 마음

✑ 오늘의 문장

心は誰にも見えない。

けれど、心づかいは見える。

思いは見えないけれど、思いやりは見える。

その気持ちをカタチに……

마음은 누구에게도 보이지 않아.
하지만, 마음 씀씀이는 보여.
생각은 보이지 않지만, (다른 사람을) 배려하는 것은 보여.
그 마음을 형태로…….

출처

이 구절은 일본의 시인 미야자와 쇼지(宮澤章二)의 시집 『行為の意味 행위의 의미』에 수록된 대표 시로, '보이지 않는 마음도 말과 행동으로 전해진다'는 따뜻하고 인간적인 메시지를 담고 있어요. 일본 공익광고(AC 재팬 광고), 학교 교육, 위로 카드 등에서도 널리 인용되는 명시입니다.

☕ 와카메 센세의 토닥토닥

말하지 않아도 느껴지는 마음이 있어요.
배려와 다정함은 때로는 말보다 더 깊이 닿기도 해요.
오늘은 그 마음을 한 줄의 말이나 작은 행동으로 전해 보세요.

心は誰にも見えない。

けれど、心づかいは見える。

思いは見えないけれど、思いやりは見える。

その気持ちをカタチに……

- 「~は~ない」는 '~은/는 ~하지 않다'라는 뜻으로 어떤 주제에 대해 부정할 때 사용되며, 특히 '다른 것은 그렇지만 이것은 아니다'와 같이 비교하거나 대조하는 뉘앙스를 나타낼 때 자주 사용합니다.
- 「~けれど」는 '~하지만'이라는 뜻으로 역접을 부드럽게 연결하는 표현입니다.

단어 정리

見える 보이다 | 心づかい 마음 씀씀이, 배려 | 思い 생각 | 思いやり 배려심, (남의 심정을) 생각함 | カタチ 형태, 모습

DAY 018 — 서로 다른 마음을 이해한다는 것

✍️ 오늘의 문장

ひと　たにん　かんぜん　りかい
人は他人を完全に理解することはできない。
じぶんじしん　　　あや
自分自身だって怪しいもんさ。
りかい　あ　　　　ふ か のう
100%理解し合うのは不可能なんだよ。

사람은 타인을 완전히 이해할 수는 없어.
자기 자신조차 믿을 수 없거든.
100% 서로를 이해하는 것은 불가능해.

🐚 출처

TV 애니메이션 『新世紀エヴァンゲリオン 신세기 에반게리온』 제17화에서 주인공 이카리 신지의 주변 인물인 카지 료지가 인간관계의 본질에 대해 말하는 장면이에요. 이 대사는 인간은 누구도 타인을 완벽히 이해할 수 없다는 메시지를 담고 있으며, 에반게리온 특유의 철학적 깊이를 잘 표현한 대사입니다.

☕ 와카메 센세의 토닥토닥

우리는 타인을 완벽하게 이해하지 못할 수도 있어요.
그럼에도 서로를 이해하려는 마음, 그 자체가 소중한 거예요.
조금씩 다가가면 돼요. 서툴러도 괜찮아요.

<ruby>人<rt>ひと</rt></ruby>は<ruby>他人<rt>たにん</rt></ruby>を<ruby>完全<rt>かんぜん</rt></ruby>に<ruby>理解<rt>りかい</rt></ruby>することはできない。

<ruby>自分自身<rt>じぶんじしん</rt></ruby>だって<ruby>怪<rt>あや</rt></ruby>しいもんさ。

100%<ruby>理解<rt>りかい</rt></ruby>し<ruby>合<rt>あ</rt></ruby>うのは<ruby>不可能<rt>ふかのう</rt></ruby>なんだよ。

표현 해설

- 「～ことはできない」는 '～할 수는 없다'라는 뜻으로 불가능이나 제약이 있을 때 사용합니다.
- 「～合う」는 '서로 ～하다'라는 뜻으로 동사 ます형 뒤에 「合う」를 붙여 서로 간의 상호작용을 나타냅니다. 「理解し合う」는 '서로 이해하다'라는 의미가 됩니다.

단어 정리

<ruby>完全<rt>かんぜん</rt></ruby>に 완전히 | <ruby>理解<rt>りかい</rt></ruby>する 이해하다 | <ruby>自分自身<rt>じぶんじしん</rt></ruby> 자기 자신 | <ruby>怪<rt>あや</rt></ruby>しい 믿을 수 없다, 수상하다 |
<ruby>不可能<rt>ふかのう</rt></ruby> 불가능

때론, 조금 떨어져 있어도 괜찮아

✏️ 오늘의 문장

離れてても、
母でいてくれたことを分かってる。
だから今度はあなたの娘でいさせて。

떨어져 있어도,
엄마로 있어 준 것을 알고 있어.
그러니까 이번은 당신의 딸로 있게 해 줘.

🖐️ 출처

드라마 『MOTHER マザー 마더』는 모성애와 관계의 본질을 섬세하게
그려낸 작품이에요. 제10화에서 나오가 하나에게 전하는 대사로 모녀가
물리적 거리를 넘어 마음으로 이어져 있음을 확인하는 장면입니다.

☕ 와카메 센세의 토닥토닥

때론, 조금 떨어져 있어도 괜찮아요.
진심으로 이어진 관계라면, 거리는 우리를 갈라놓을 수 없으니까요.
멀리 있어도 마음은 늘 곁에 있다는 것, 그것만으로도 큰 힘이 되지요.

離れててても、

母でいてくれたことを分かってる。

だから今度はあなたの娘でいさせて。

표현 해설

- 「~ても」는 '~해도'라는 뜻으로 상황이나 조건이 달라져도 결과에는 영향이 없다는 의미를 나타내는 양보 표현입니다.
- 「~でいる」는 '~로 있다, 어떤 상태로 있다'라는 뜻으로 특정 자격이나 관계를 계속 유지하고 있음을 나타내는 표현입니다.
- 「~させて」는 '~하게 해 줘'라는 뜻으로 상대에게 허락을 구하거나 부탁할 때 쓰는 사역형 표현입니다.

단어 정리

離れる 떨어지다, 멀어지다 | 分かる 알다, 이해하다 | 今度 이번, 다음

DAY 020
다정한 연결은 멀지 않은 곳에 있다

✍ 오늘의 문장

どこにいたって、
君のことを想っているよ。

すぐそばにいなくても、
心はちゃんと、つながっているから。

어디에 있어도,
너를 생각하고 있어.
바로 옆에 없어도,
마음은 분명히, 이어져 있으니까.

🖐 출처

이 문장은 스튜디오 지브리의 애니메이션 영화 『耳をすませば 귀를 기울이면』에 등장하는 세이지의 대사로, 멀리 떨어져 있는 두 사람이 서로를 잊지 않고 마음으로 연결되어 있는 장면을 잔잔하게 그려 냅니다.

☕ 와카메 센세의 토닥토닥

진짜 연결은 꼭 옆에 붙어 있지 않아도 이어져 있어요.
생각해 주는 마음 하나만으로도 우리는 따뜻해질 수 있거든요.
혹시 지금, 여러분 곁에 있는 다정한 연결을 놓치고 있지는 않나요?

どこにいたって、

君のことを想っているよ。

すぐそばにいなくても、

心はちゃんと、つながっているから。

- 「~たって」는 「~ても」의 회화체로 '~해도'라는 뜻의 양보 표현입니다.
- 「~なくても」는 '~하지 않아도, ~하지 않더라도'라는 뜻의 부정 조건 표현입니다.
  즉, 어떤 행위를 하지 않아도 그 결과나 상황에 지장이 없음을 표현할 때 사용합니다.

단어 정리

想う 생각하다, 마음에 두다 | ちゃんと 분명히, 제대로 | つながる 이어지다, 연결되다

PART 3

나다움

있는 그대로의 나를 믿는 연습

자존감, 솔직함, 내면의 확신

나는 나로 충분해

✍ 오늘의 문장

じ ぶん　　じ ぶん
自分は自分だ。
ほか　だれ　　　　　　　　　　　　　　　おも　　ひつよう
他の誰かになろうなんて、思う必要もない。
いま　　　　　　　じゅうぶん
今のままで、十分だろ?

나는 나야.
다른 누군가가 돼야지 따위, 생각할 필요도 없어.
지금 그대로, 충분하잖아?

출처

드라마 『今日から俺は!! 오늘부터 우리는!!』는 유쾌하고 통쾌한 학원 코미디 작품이에요. 제8화에서 주인공 미츠하시 타카시가 던지는 이 대사는 남과 비교하지 말고 있는 그대로의 자신을 믿으라는 강한 메시지를 전해 줍니다.

☕ 와카메 센세의 토닥토닥

있는 그대로의 내가 되어 준다는 것, 그 자체로 이미 멋진 용기예요.
누군가와 비교하지 않아도 괜찮아요.
오늘 하루, "나는 나니까"라고 자신 있게 말해 보길 응원할게요.

自分は自分だ。

他の誰かになろうなんて、思う必要もない。

今のままで、十分だろ？

- 「~なんて」는 '~따위, ~같은 것'이라는 뜻으로 그럴 필요나 가치가 없음을 강조할 때 자주 쓰는 회화체 표현입니다.
- 「~だろ?」는 남성적이고 캐주얼한 표현으로 문장 끝에 놓여 '~잖아?, ~그렇지?'처럼 상대의 동의를 구하거나 자신의 의견을 확인할 때 사용합니다.

단어 정리

他の 다른 | 必要 필요 | 十分だ 충분하다

DAY 022 흔들려도 괜찮아

📝 오늘의 문장

ママのこと考<ruby>かんが</ruby>えててもいいし、
考<ruby>かんが</ruby>えてるって言<ruby>い</ruby>ってもいいし、
元気<ruby>げんき</ruby>がなくてもいい。

엄마(에 대한 것)를 생각하고 있어도 괜찮고,
생각하고 있다고 말해도 괜찮고,
기운이 없어도 괜찮아.

🐚 출처

드라마 『海のはじまり 바다의 시작』 제3화에 등장하는 대사로 가족과 상실,
그리고 새로운 시작에 대한 이야기를 담고 있습니다. 아카리가 엄마를 잃고
힘들어하는 나츠를 위로하는 장면에서 나온 말로, 어린아이의 입에서 이런
따뜻한 말이 흘러 나와 시청자의 마음을 울렸다고 해요.

☕ 와카메 센세의 토닥토닥

가끔은 생각에 잠겨도 괜찮고,
슬픈 마음을 그대로 말해도 괜찮아요.
오늘 여러분이 조금 흔들렸더라도, 그건 약한 것이 아니라
마음을 지키기 위한 자연스러운 움직임이에요.

ママのこと考えててもいいし、

考えてるって言ってもいいし、

元気がなくてもいい。

- 「~てても」는 「~ていても ~하고 있어도」의 축약형으로 회화체에서 자주 쓰이며, 부드럽고 자연스러운 느낌을 줍니다.
- 「~てもいい」는 '~해도 괜찮다'라는 뜻으로 상대방에게 어떤 일을 허락하거나 허용할 때 사용하며 부드러운 어감을 전달합니다.
- 「~し、~し」는 '~하고, ~하고'라는 뜻으로 나열하거나 이유를 덧붙일 때 사용하는 문형이며, 여기에서는 여러 감정을 부드럽게 이어주는 역할을 합니다.

단어 정리

사람 명사+のこと ~에 대한 것, ~에 대한 일 | 考える 생각하다 | 言う 말하다 | 元気 기운, 활기

DAY 023

내 마음에 솔직해지는 순간

🖋 오늘의 문장

本当はとっくに気づいてた。

気づかないふりをしていただけで。

でも、やっと言えるよ。

私は、私の気持ちを大事にしたいんだ。

사실은 진작에 알아차리고 있었어.
알아차리지 못한 척하고 있었던 것뿐이야.
하지만, 이제야 말할 수 있어.
나는, 내 마음을 소중히 하고 싶어.

🐚 출처

영화 『花束みたいな恋をした 꽃다발 같은 사랑을 했다』는 20대 청춘의
사랑과 성장 그리고 현실 속 고민을 섬세하게 그려낸 작품이에요.
야마네 무기의 이 대사는 그동안 외면해 왔던 자신의 진짜 마음과 마주하는
순간을 담담하게 보여 줍니다.

☕ 와카메 센세의 토닥토닥

언제나 마음을 속이며 살 수는 없어요.
이제는 솔직해져도 괜찮아요.
그 마음이 아프든, 서투르든, 결국 나를 살아가게 하는 건
내 진짜 마음이니까요.

本当はとっくに気づいてた。

気づかないふりをしていただけで。

でも、やっと言えるよ。

私は、私の気持ちを大事にしたいんだ。

- 「~ふりをする」는 '~인 척하다'라는 뜻으로 진짜 마음을 숨기거나 감추고 있을 때 자주 쓰는 표현입니다.
- 「~たいんだ」는 「~たい ~하고 싶다」에 「~んだ」가 붙은 형태로, 자신의 감정이나 의지를 부드럽지만 확실하게 전달할 때 쓰는 회화체 표현입니다.

단어 정리

本当 사실, 진실, 진짜 | **とっくに** 진작에, 훨씬 전에 | **気づく** 알아차리다, 깨닫다 |
大事だ 소중하다, 중요하다

약한 나도 나니까

✍ 오늘의 문장

いいんですよ、弱いまんまで。

自分の弱さと向き合い、それを大事にしなさい。

人間は弱いままでいいんですよ、いつまでも……

괜찮아요, 약한 그대로.
자신의 약함과 마주하고, 그것을 소중히 여기세요.
인간은 약한 그대로 괜찮아요, 언제까지나…….

🐚 출처

드라마 『聖者の行進 성자의 행진』에서 우노 변호사가 한 이 대사는 사회적
약자와 그들을 둘러싼 현실을 진지하게 그려 내며, 인간의 약함을 인정하고
받아들이는 것의 중요성을 강조하고 있어요.

☕ 와카메 센세의 토닥토닥

괜찮아요.
지금 여러분이 조금 약하고, 흔들려도, 그 모습도 여러분이니까요.
약한 나를 인정하는 순간, 우리는 조금 더 단단해져요.
그걸 아는 여러분은 이미 충분히 강한 사람이에요.

いいんですよ、弱いまんまで。

自分の弱さと向き合い、それを大事にしなさい。

人間は弱いままでいいんですよ、いつまでも……

- 「~まんま」는 「~まま」의 회화체 표현으로 '~한 그대로, ~한 채로'라는 뜻입니다. 어떤 동작이나 상태가 변하지 않고 그대로 유지되는 것을 나타냅니다.
- 「~と向き合う」는 '~와/과 마주하다'라는 뜻으로 어떤 대상이나 문제를 피하지 않고 정면으로 대면하는 상황을 나타내는 표현입니다.
- 「~なさい」는 '~하세요, ~하시오'라는 뜻으로 부드럽지만 단호하게 명령하거나 권유할 때 사용하는 표현입니다.

단어 정리

弱い 약하다 | 弱さ 약함 | 向き合う 마주하다, 직면하다 | 大事にする 소중히 여기다 |
いつまでも 언제까지나, 영원히

나는 나를 지킬 책임이 있어

✍ 오늘의 문장

だれ　　　　まも
誰かに守られるばかりじゃ、
ほんとう　　いみ　い　　　　　　　　　　　い
本当の意味で生きているとは言えない。
じ ぶん　　　　　　じ ぶん　まも
自分のことは自分で守るしかない。

누군가에게 지켜지기만 해서는,
진정한 의미로 살아가고 있다고는 말할 수 없어.
자신(의 일)은 스스로 지킬 수밖에 없어.

🐚 출처

드라마 『アンナチュラル 언내추럴』은 죽음을 통해 삶의 의미를 되묻는 의학 미스터리 작품이에요.
주인공 미스미 미코토의 이 대사는 누군가에게 기대기보다 스스로를 지키며 살아갈 때 비로소 진짜 삶에 다가설 수 있다는 단단한 메시지를 전합니다.

☕ 와카메 센세의 토닥토닥

누군가 나를 지켜 주길 기다리기보다,
스스로를 믿고 지켜 내려는 마음이 있을 때 우리는 한층 더 단단해져요.
오늘도 '나는 나를 지킬 책임이 있다'는 생각으로
삶 앞에 당당히 서 보는 여러분이 되길 응원할게요.

誰かに守られるばかりじゃ、
本当の意味で生きているとは言えない。
自分のことは自分で守るしかない。

📝 표현 해설

- 「~ばかり(だ)」는 '~하기만 하다'라는 뜻으로 어떤 행동이나 상태만 계속되고 다른 것은 하지 않음을 강조할 때 사용하는 표현입니다.
- 「~とは言えない」는 '~라고는 말할 수 없다'라는 뜻으로 어떤 사실이나 평가를 단정적으로 부정하거나 확실히 인정하기 어려울 때 사용하는 표현입니다.
- 「~しかない」는 '~할 수밖에 없다'라는 뜻으로 어떤 상황에서 다른 선택지나 방법이 없음을 강조할 때 사용하는 표현입니다.

📝 단어 정리

守る 지키다 | 自分で 스스로

조급해하지 않아도 돼

✍ 오늘의 문장

<ruby>大切<rt>たいせつ</rt></ruby>なのは、

<ruby>焦<rt>あせ</rt></ruby>らないこと。

<ruby>焦<rt>あせ</rt></ruby>らなければ、そのうちきっと。

중요한 것은,
조급해하지 않는 것.
조급해하지 않으면, 언젠가 분명히.

🐚 출처

이 문장은 영화 『めがね 안경』에서 등장인물 사쿠라가 주인공에게 건네는 따뜻한 말이에요. 현대인의 바쁜 삶을 잠시 멈추고 '아무것도 하지 않는 시간'을 즐기는 법을 보여 주는 이 영화는 '천천히, 서두르지 않아도 괜찮다'라는 마음을 조용히 느끼게 합니다.

☕ 와카메 센세의 토닥토닥

지금 당장 결과가 보이지 않아도 괜찮아요.
조금 늦어도, 잠시 멈춰도 괜찮아요.
천천히 가더라도 결국 도착할 수 있으니까요.
여러분 자신만의 속도를 믿어 주세요.

<ruby>大切<rt>たいせつ</rt></ruby>なのは、

<ruby>焦<rt>あせ</rt></ruby>らないこと。

<ruby>焦<rt>あせ</rt></ruby>らなければ、そのうちきっと。

표현 해설

- 「형용사＋のは」는 '~한 것은'이라는 뜻으로 형용사를 명사처럼 만들어 내용을 강조하거나 특정 지점을 설명할 때 사용합니다.
- 「~こと」는 동사를 명사처럼 바꾸어 '~하는 것'이라는 뜻을 만듭니다.
- 「~なければ」는 부정형에 붙어 '~하지 않으면'이라는 뜻으로 조건을 나타낼 때 쓰는 표현입니다.

단어 정리

<ruby>大切<rt>たいせつ</rt></ruby>だ 중요하다, 소중하다 | <ruby>焦<rt>あせ</rt></ruby>る 조급해하다, 초조해하다 | そのうち 언젠가, 조만간 |

きっと 분명히, 틀림없이, 반드시

내가 정한 나의 속도

✎ 오늘의 문장

やりたくないことは、やらないだけなんです。
まいにち
毎日まじめにやっていれば、
きゃく　　　　　く
そのうちお客さんも来るようになりますよ。

하고 싶지 않은 일은, 하지 않을 뿐이에요.
매일 성실하게 하고 있으면,
언젠가 손님도 오게 될 거예요.

🐚 출처

이 문장은 영화『かもめ食堂 카모메 식당』에서 주인공 사치에가 조급해하는
미도리에게 건넨 말입니다. 핀란드 헬싱키에서 작은 식당을 운영하며 천천히,
묵묵히 살아가는 그녀의 모습은 '내가 정한 나만의 속도'로 삶을 꾸려 가는
용기를 보여 줍니다. 빠르지 않아도 괜찮다는 삶의 철학이 잔잔하게 녹아
있는 장면이에요.

☕ 와카메 센세의 토닥토닥

모두가 빠르게 움직이는 세상에서
나만의 속도로 걷는다는 것 자체가 용기예요.
하고 싶지 않은 건 하지 않아도 괜찮아요.
조금씩 성실하게 쌓아 가는 하루하루가
결국 나를 원하는 곳으로 데려다줄 거예요.

やりたくないことは、やらないだけなんです。

毎日まじめにやっていれば、

そのうちお客さんも来るようになりますよ。

📝 표현 해설

- 「~たくない」는 '~하고 싶지 않다'라는 뜻으로 자신의 원하지 않는 의지나 마음을 표현할 때 사용합니다.
- 「~だけなんです」는 '(그저) ~일 뿐이에요'라는 뜻으로 상대방에게 이유나 사정을 설명할 때 쓰는 표현입니다.
- 「~ていれば」는 '~하고 있으면'이라는 조건 표현으로 어떤 상태나 행동이 계속 지속되는 조건을 나타낼 때 쓰는 표현입니다.
- 「동사 기본형＋ようになる」는 '~하게 되다'라는 뜻으로 어떤 능력이나 상태가 변화하여 새로운 행동이나 상황이 가능해졌을 때 쓰는 표현입니다.

📝 단어 정리

まじめに 성실하게 | お客さん 손님

DAY 028 · 비교 대신 나를 바라보기

✍️ 오늘의 문장

周りと比べてばかりいると、
自分のいいところまで
見失っちゃう気がします。

주변과 비교하기만 하고 있으면,
나의 좋은 점까지
잃어버리는 느낌이 들어요.

🌐 출처

이 문장은 드라마 『逃げるは恥だが役に立つ 도망치는 건 부끄럽지만 도움이 된다』 제6화에서 주인공 미쿠리가 자기 자신에 대해 고민하며 한 말이에요. 타인과의 끊임없는 비교 속에서 자신의 소중함을 잃지 않으려는 마음을 보여 주는 장면으로, 비슷한 고민을 하는 많은 시청자에게 공감과 위로를 전한 명대사입니다.

☕ 와카메 센세의 토닥토닥

자꾸 남과 비교하게 될 때가 있어요.
그럴 땐 잠시 멈춰 서서,
'나는 어떤 사람이지?'하고 내 마음을 들여다봐 주세요.
여러분 안에는 남들과는 다른, 단 하나뿐인 빛나는 부분이 반드시 있어요.

周^{まわ}りと比^{くら}べてばかりいると、

自分^{じぶん}のいいところまで

見失^{みうしな}っちゃう気^きがします。

🗨️ 표현 해설

- 「~てばかりいる」는 '~만 하고 있다'라는 뜻으로 어떤 행동이 반복되거나 지나치게 계속 되는 상태를 표현합니다.
- 「~ちゃう」는 「~てしまう」의 회화체 축약형으로 '~해 버리다'라는 뜻입니다. 어떤 일이 의도치 않게 완결되거나 유감스럽게 끝났을 때 자주 사용합니다.
- 「~気がする」는 '~한 느낌이 들다'라는 뜻으로 주관적인 판단이나 직감을 나타낼 때 사용합니다.

📝 단어 정리

周^{まわ}り 주변 | 比^{くら}べる 비교하다 | いいところ 좋은 점 | 見失^{みうしな}う 잃어버리다, 놓치다

나를 응원해 주는 나

✍️ 오늘의 문장

<ruby>何<rt>なに</rt></ruby>があろうと、
<ruby>最後<rt>さいご</rt></ruby>の<ruby>最後<rt>さいご</rt></ruby>まで
<ruby>自分<rt>じぶん</rt></ruby>で<ruby>自分<rt>じぶん</rt></ruby>を<ruby>信<rt>しん</rt></ruby>じてあげる。

무슨 일이 있더라도,
마지막의 마지막까지
스스로 자신을 믿어 준다.

🐚 출처

일본의 만화가 데즈카 오사무(手塚治虫)가 남긴 말로,
좌절 속에서도 끝까지 자신을 믿는 마음의 중요성을 강조한 명언입니다.
그의 인생과 작품 전반에 흐르는 '생명과 인간에 대한 믿음'이 고스란히
잘 드러나는 문장이에요.

☕ 와카메 센세의 토닥토닥

누군가가 여러분을 믿어 주지 않아도 괜찮아요.
가장 든든한 응원은 언제나 내 안의 나로부터 시작되니까요.
오늘 하루만큼은 여러분 자신에게 "괜찮아, 잘하고 있어"라고
조용히 속삭여 주세요.

<ruby>何<rt>なに</rt></ruby>があろうと、
<ruby>最後<rt>さいご</rt></ruby>の<ruby>最後<rt>さいご</rt></ruby>まで
<ruby>自分<rt>じぶん</rt></ruby>で<ruby>自分<rt>じぶん</rt></ruby>を<ruby>信<rt>しん</rt></ruby>じてあげる。

표현 해설

- 「~があろうと」는 「~があっても」의 격식 있는 문장체 표현으로 '~이/가 있더라도, ~일지라도'라는 뜻을 나타냅니다. 어떤 상황이나 조건에도 흔들리지 않음을 강조할 때 자주 사용합니다.
- 「~てあげる」는 '~해 주다'라는 뜻으로 보통 다른 사람에게 무언가를 해 줄 때 쓰는 표현이지만 이 문장에서는 '스스로에게 해 주는 따뜻한 행동'을 의미합니다.

단어 정리

<ruby>何<rt>なに</rt></ruby>があろうと 무슨 일이 있더라도 | <ruby>最後<rt>さいご</rt></ruby> 마지막, 최후

내 가슴 속 소리에 귀를 기울여

✎ 오늘의 문장

あなたのことは
あなたの胸（むね）が知（し）っているもんよ。
「どっちが楽（たの）しいか」で決（き）めなさい。

너의 일은
너의 가슴이 알고 있는 거야.
‘어느 쪽이 즐거울까’로 결정하렴.

🐚 출처

이 문장은 TV 애니메이션『宇宙兄弟 우주형제』에서 주인공인 난바 뭇타에게 큰 영향을 준 샤론의 대사입니다. 어떤 문제가 있을 때 깊이 고민하기보다 자신에게 더 즐거운 방향으로 결정하고 행동하면 의외로 간단하게 풀릴 수 있다는 메시지를 담고 있어요.

☕ 와카메 센세의 토닥토닥

세상의 목소리에 답해야 할 때, 먼저 여러분의 가슴에 물어보세요.
“어느 쪽이 더 즐거울까?”
그 설렘을 따라가는 것이 여러분이 걸어가야 할 가장 예쁜 정답이 될 거예요.

 あなたのことは

あなたの胸（むね）が知（し）っているもんよ。

「どっちが楽（たの）しいか」で決（き）めなさい。

📝 표현 해설

- 「~ているもんよ」는 「~ているものよ」보다 가볍게 쓸 수 있는 회화체 표현으로 '~하고 있는 거야'라는 뜻이며 무언가를 주장할 때 사용하는 표현입니다.
- 「동사 ます형+なさい」는 '~하렴, ~하시오, ~하세요'라는 뜻으로 윗사람이 아랫사람에게 무언가를 명령할 때 사용하는 표현입니다.

📝 단어 정리

胸（むね） 가슴 | 知る（し） 알다 | どっち 어느 쪽

PART 4

그리움 

안녕을 배우는 시간

상실, 추억, 감정 정리

그리움, 사랑이 남긴 흔적

✍ 오늘의 문장

朝、目が覚めると、なぜか泣いている。
そんなことが、時々ある。
見ていた夢は、いつも思い出せない。
ただ―ただ、何かが消えてしまったという感覚だけが、
目覚めてからも長く残る。

아침에, 눈을 뜨면, 웬일인지 울고 있다.
그런 일이, 때때로 있다.
꾸고 있던 꿈은, 항상 기억해 낼 수 없다.
그저-그저, 무언가가 사라져 버렸다라는 감각만이,
잠에서 깬 뒤에도 오래도록 남는다.

🐚 출처

이 문장은 애니메이션 영화 『君の名は。너의 이름은.』에서 주인공이 아침에
눈을 뜨며 느끼는 말로 설명하기 어려운 상실감을 표현한 독백이에요.
시공간을 초월해 기적처럼 만났으나 이제는 서로의 이름조차 기억하지
못하게 된 두 인물이 남긴 감정의 잔상은 사랑과 이별, 꿈과 현실 사이의
어긋남을 섬세하게 묘사하며 깊은 여운을 남깁니다.

☕ 와카메 센세의 토닥토닥

가끔은 이유 없이 마음이 허전할 때가 있어요.
어쩌면 그건, 마음 깊은 곳에서 누군가를 그리워하고 있기 때문일지도 몰라요.
그리움은 때때로, 우리가 소중한 것을 간직하고 있다는 증거랍니다.

朝、目が覚めると、なぜか泣いている。

そんなことが、時々ある。

見ていた夢は、いつも思い出せない。

ただ—ただ、何かが消えてしまったという感覚だけが、

目覚めてからも長く残る。

- 「~てしまう」는 '~해 버리다'라는 뜻으로 어떤 일이 의도치 않게 완료되거나 유감스러운 결과를 나타낼 때 사용합니다.
- 「~という」는 '~라는, ~라고 하는'이라는 뜻으로 뒤의 명사를 구체적으로 수식하거나 설명할 때 사용합니다.
- 「~てから」는 '~한 뒤에'라는 뜻으로 동작의 순서를 나타낼 때 사용합니다.

단어 정리

目が覚める(=目覚める) 눈을 뜨다, 잠에서 깨다 | なぜか 웬일인지, 왠지 | 泣く 울다 | 時々 때때로, 종종 | 見る (꿈을) 꾸다 | 夢 꿈 | 思い出す 기억해 내다, 떠올리다 | ただ 그저 | 消える 사라지다

잊지 않기 위해 적어 둔 마음

✍ 오늘의 문장

忘^{わす}れることはできても、なかったことにはできない。
だから私^{わたし}は、書^かき留^とめておくの。
思^{おも}い出^ださないようにするためじゃなく、
ちゃんと向^むき合^あうために。

잊는 것은 할 수 있어도, 없던 일로는 할 수 없다.
그래서 나는, 적어 둬.
떠올리지 않도록 하기 위함이 아니라,
제대로 마주하기 위해서.

🐚 출처

이 문장은 일본 소설가 요시모토 바나나(吉本ばなな)의 수필에서 인용된 글귀로, 기억·감정·상처와 치유에 대한 그녀 특유의 따뜻하고 섬세한 시선을 담고 있어요. 슬픔이나 후회를 억지로 지우려 하기보다, 기억하고 적어 두며 마주하는 것이 결국 자기 자신을 지키는 가장 온전한 방식이라는 통찰이 느껴지는 문장이에요.

☕ 와카메 센세의 토닥토닥

가끔은 잊지 않기 위해 적어 두는 순간이 있어요.
그건 아팠던 기억이 아니라, 소중했기에 남기고 싶은 마음이에요.
기억하고 싶어서, 사랑했기 때문에,
여러분도 그런 마음 하나쯤은 품고 있지 않나요?

忘れることはできても、なかったことにはできない。

だから私は、書き留めておくの。

思い出さないようにするためじゃなく、

ちゃんと向き合うために。

- 「~ないようにする」는 '~하지 않도록 하다'라는 뜻으로 어떤 행동을 의식적으로 피하거나 조심하려고 노력할 때 사용합니다.
- 「~じゃなく」는 「~ではなく」의 회화체 표현으로 '~이/가 아니라'라는 뜻의 대조 표현입니다.
- 「~ために」는 '~하기 위해서'라는 뜻으로 행동의 목적이나 이유를 나타냅니다.

단어 정리

なかったことにする 없던 일로 하다 | **書き留める** 적어 두다, 기록해 두다

그리움은 때때로 다정하다

✍ 오늘의 문장

やっぱりあなたに会いたい。

まだ、好きだって、言えないけれど。

お元気ですか。私は、元気です。

역시 당신을 만나고 싶어.

아직, 좋아한다고, 말할 수 없지만.

잘 지내시죠? 저는, 잘 지내요.

출처

영화 『Love Letter 러브레터』는 일본 로맨스 영화의 명작으로,
세상을 떠난 연인에게 보내는 한 통의 편지를 계기로 이야기가 시작됩니다.
이 문장은 주인공 후지이 이츠키가 마음 깊이 간직한 감정을 담담히 고백하는
장면에서 인용되었으며, 사랑과 그리움이 동시에 머무는 조용한 편지처럼,
마음을 건드리는 따뜻한 울림을 전해 주고 있어요.

와카메 센세의 토닥토닥

그리움은 아픈 감정이면서도,
어느 순간 나를 가장 다정하게 안아 주는 마음이 돼요.
말하지 못한 마음도, 쓰지 못한 편지도,
우리 마음속 어딘가에서 조용히 그 사람을 기억하고 있어요.
그리움의 결은 아주 부드럽고 따뜻하니까요.

やっぱりあなたに会いたい。

まだ、好きだって、言えないけれど。

お元気ですか。私は、元気です。

- 「~たい」는 동사 ます형 뒤에 쓰여 '~하고 싶다'라는 뜻을 나타내며, 자신의 희망이나 소망을 표현할 때 사용합니다.
- 「~って」는 「~と ~라고」의 회화체 표현으로 누군가의 말이나 생각을 가볍게 전할 때 사용합니다.
- 「お元気ですか」에서 「お~ですか」는 상대의 안부나 상태를 정중하게 묻는 표현입니다.

단어 정리

会う 만나다 | ~けれど ~지만

추억은 사라지지 않는다

✍ 오늘의 문장

思い出は、色あせても消えない。
心のアルバムに、ちゃんと残ってる。
だから、前を向いて歩けるんだ。

추억은, 빛이 바래도 사라지지 않아.
마음의 앨범에, 분명히 남아 있어.
그러니까, 앞을 향해서 걸을 수 있는 거야.

🐚 출처

이 문장은 영화『orange オレンジ 오렌지』속 등장인물들이 상실과 후회를
극복하며 서로를 위로하는 장면에서 영감을 받아 구성된 글입니다.
이야기 전반에는 과거의 기억을 소중히 간직한 채,
미래로 나아가는 용기가 잔잔하게 흐르고 있습니다.
빛바랜 추억 속에서도 따뜻함을 발견할 수 있기에,
사람은 다시 일어나 앞으로 나아갈 수 있다는 희망의 메시지를 담고 있어요.

☕ 와카메 센세의 토닥토닥

추억은 잊으려 해도 저절로 떠오르는 마음의 조각이에요.
그 순간들이 있었기에 지금의 내가 있고,
그래서 우리는 앞으로도 걸어갈 수 있어요.
기억이 남아 있는 한, 그 따뜻함은 사라지지 않아요.

思い出（おもいで）は、色（いろ）あせても消（き）えない。

心（こころ）のアルバムに、ちゃんと残（のこ）ってる。

だから、前（まえ）を向（む）いて歩（ある）けるんだ。

표현 해설

- 「残ってる」에서 「~てる」는 「~ている」의 회화체 표현으로 '~하고 있다'라는 뜻이며, 동작이나 상태가 계속됨을 나타냅니다.
- 「歩ける」는 「歩く」의 가능형으로, '걸을 수 있다'라는 뜻을 나타냅니다.

단어 정리

思い出（おもいで） 추억 | 色あせる（いろあせる） 빛이 바래다 | 残る（のこる） 남다 | 前（まえ） 앞 | 向く（むく） 향하다 | 歩く（あるく） 걷다

마음을 정리한다는 것

📝 오늘의 문장

過去を受け入れることで、未来が見えてくる。
傷ついた心も、時間が癒してくれる。
少しずつ、自分を取り戻せばいいんだ。

과거를 받아들임으로써, 미래가 보이기 시작해.
상처 입은 마음도, 시간이 치유해 줄 거야.
조금씩, 나를 되찾으면 돼.

🧴 출처

드라마 『コウノドリ 코우노도리』는 생명과 삶, 상실과 회복을 다룬 감동적인 의료 드라마로, 한 생명이 태어나는 기쁨과 누군가를 떠나보내는 슬픔을 모두 담아낸 작품이에요. 이 대사는 상처 입은 사람에게 "괜찮아, 천천히 회복하면 돼"라고 다정하게 말해 주는 장면에서 인용되었으며, 마음을 정리해 나가는 데 필요한 작은 용기와 따뜻한 여운을 전합니다.

☕ 와카메 센세의 토닥토닥

마음을 정리한다는 건 모든 걸 지우는 게 아니라,
천천히, 그리고 다정하게 스스로를 안아 주는 일일지도 몰라요.
있는 그대로의 나를 받아들이는 순간,
내일은 조금 더 또렷해지니까요.

過去を受け入れることで、未来が見えてくる。

傷ついた心も、時間が癒してくれる。

少しずつ、自分を取り戻せばいいんだ。

- 「~てくる」는 일반적으로 '~해 오다'라는 뜻으로 쓰이지만, 여기에서는 '~하기 시작하다'라는 뜻으로 사용되었습니다. 어떤 행동을 계기로 새로운 상태가 점차 나타나는 과정을 표현할 때 사용합니다.

단어 정리

受け入れる 받아들이다 | 傷つく 상처 입다, 다치다 | 癒す 치유하다, 고치다 | 取り戻す 되찾다

안녕이라고 말하지 못했어

✏️ 오늘의 문장

さよならを言えなかったこと、今でも悔やんでる。
あの日の背中が、ずっと目に焼き付いてる。
もう一度だけ、会いたいな。

안녕을 말할 수 없었던 것, 지금도 후회하고 있어.
그날의 뒷모습이, 계속 눈에 선해.
한 번만 더, 만나고 싶네.

출처

영화『世界から猫が消えたなら 세상에서 고양이가 사라진다면』는 죽음을
앞둔 남자가 자신이 소중히 여겨 온 것들과의 이별을 통해 삶의 의미와 관계의
본질을 되돌아보는 이야기예요.
이 문장은 영화 속 주요 테마인 후회, 이별, 미처 하지 못한 인사를 감성적
으로 담아냈어요. '소중했던 기억은 눈을 감아도 잊히지 않는다'는 메시지가
조용하지만 깊게 마음에 남는 명장면이에요.

☕ 와카메 센세의 토닥토닥

'그날, 왜 작별 인사를 하지 못했을까'
'그 한마디만 전했더라면 달라졌을까' 자꾸 마음속에서 되뇌죠.
하지만 그 아쉬움마저 우리가 그 사람을 얼마나 깊이 마음에 담고 있었는지
보여 주는 증거예요.
오늘은 말하지 못한 '안녕'을 조용히 마음속으로 건네 보는
하루가 되길 바랍니다.

さよならを言<ruby>い</ruby>えなかったこと、今<ruby>いま</ruby>でも悔<ruby>く</ruby>やんでる。

あの日<ruby>ひ</ruby>の背中<ruby>せなか</ruby>が、ずっと目<ruby>め</ruby>に焼<ruby>や</ruby>き付<ruby>つ</ruby>いてる。

もう一度<ruby>いちど</ruby>だけ、会<ruby>あ</ruby>いたいな。

표현 해설

- 「言えなかった」는 '말할 수 없었다'라는 뜻으로 「言う」의 가능형인 「言える」에 「なかった」를 붙여 과거 부정형의 형태가 된 것입니다.
- 「~な」는 문장 끝에 쓰여 감탄이나 바람 같은 감정을 부드럽게 표현하는 말투이며, '~하네, ~구나'처럼 혼잣말이나 속마음을 나타낼 때 사용합니다.

단어 정리

さよなら 안녕[작별 인사] | 悔やむ 후회하다 | 背中 뒷모습, 등 |
目に焼き付く 눈에 선하다, 잊히지 않다 | もう一度 한 번 더

끝났지만 끝난 게 아닌

✎ 오늘의 문장

終わったはずなのに、心はまだ揺れてる。

思い出すたびに、胸が痛むんだ。

でも、それも大切な感情だよね。

끝났을 터인데, 마음은 아직 흔들리고 있어.
떠올릴 때마다, 가슴이 아파.
그래도, 그것도 소중한 감정이야.

🖐 출처

일본 드라마 『ホタルノヒカリ 호타루의 빛』는 겉으로는 완벽한 커리어우먼이지만, 집에서는 게으른 호타루와 무뚝뚝한 부장 사이의 좌충우돌 로맨스를 그린 인기 드라마예요. 이 문장은 사랑이 끝났다고 믿었지만 마음 한편에는 여전히 남아 있는 감정의 여운을 섬세하게 보여 주는 장면에서 나온 대사예요. 웃음과 설렘 뒤에는 누구나 공감할 수 있는 이별의 여운과 감정의 잔상이 남습니다.

☕ 와카메 센세의 토닥토닥

끝났다고 생각했는데, 왜인지 마음 한편에 오래 남아 있을 때가 있어요.
그건 아직 내 마음이 그 기억을 소중하게 품고 있기 때문이겠지요.
완전히 잊지 않아도 괜찮아요.
그 감정마저도 지금의 나를 이루는 한 조각이니까요.

終わったはずなのに、心はまだ揺れてる。

思い出すたびに、胸が痛むんだ。

でも、それも大切な感情だよね。

- 「~はずなのに」는 '~일 터인데, ~할 텐데'라는 뜻으로 당연히 그렇게 될 것이라고 예상했지만 실제로 결과가 다른 경우를 나타낼 때 쓰는 표현입니다.
- 「~たびに」는 '~할 때마다'라는 뜻으로 어떤 일이 반복될 때마다 다른 일이나 상태도 함께 반복되는 상황을 나타낼 때 사용합니다.
- 「~だよね」는 '~이야, ~이지'라는 뜻으로 자신의 생각이나 감정을 상대와 공유하거나 공감을 확인할 때 사용하는 표현입니다.

단어 정리

終わる 끝나다 | 揺れる 흔들리다 | 痛む 아프다 | 感情 감정

떠나보낸다는 건
나를 놓아주는 것

📝 오늘의 문장

手放すことで、自分を解放できる。

大切だったからこそ、さよならを言うんだ。

前に進むために、必要な一歩だよ。

놓아주는 것으로, 자신을 해방할 수 있어.
소중했기 때문이야말로, 안녕을 말하는 거야.
앞으로 나아가기 위해서, 필요한 한 걸음이야.

🖐 출처

이 문장은 영화 『海街diary 바닷마을 다이어리』의 감정과 메시지를 바탕
으로 감성적으로 재구성한 글이에요.
이 작품은 가족, 상실, 그리고 연대에 관한 이야기를 섬세하게 담고 있으며,
떠나보낸 슬픔보다는 그 후에 찾아오는 평온과 회복을 조용히 보여 줍니다.

☕ 와카메 센세의 토닥토닥

놓는다는 건 잊는 것이 아니라, 이제는 나 자신을 안아 줄 차례라는 뜻이에요.
소중했기에 보내줄 수 있고, 보내줬기에 다시 앞으로 나아갈 수 있는 거예요.

手放<ruby>て<rt>て</rt></ruby>すことで、自分を解放できる。

大切だったからこそ、さよならを言うんだ。

前に進むために、必要な一歩だよ。

- 「~からこそ」는 '~이기 때문이야말로, 바로 ~이기 때문에'라는 뜻으로 이유를 강조할 때 쓰는 표현입니다.
- 「~だよ」는 상대에게 부드럽게 정보를 전달하거나 자신의 확신이나 의견을 강조할 때 쓰는 친근한 말투입니다.

단어 정리

手放す 놓아주다, 손에서 놓다 | 解放する 해방하다, 자유롭게 하다 | 進む 나아가다 |
必要だ 필요하다 | 一歩 한 걸음

DAY 039

기억은 시간이 지나도 남는다

✍ 오늘의 문장

時間が経っても、記憶は消えない。

ふとした瞬間に、思い出が蘇る。

それが、生きてきた証なんだ。

시간이 지나도, 기억은 사라지지 않아.
우연한 순간에, 추억이 되살아나.
그것이, 살아온 증거야.

🛳 출처

이 문장은 TV 애니메이션『あの日見た花の名前を僕達はまだ知らない。
그날 본 꽃의 이름을 우리는 아직 모른다.』의 테마와 감정 흐름을 바탕으로
구성한 내용이에요. 이 작품은 과거의 아픔, 친구들과의 유대, 성장과 용서를
그리며, 기억은 시간이 지나도 결코 사라지지 않는다는 메시지를 조용히
전합니다.

☕ 와카메 센세의 토닥토닥

아무렇지 않게 스쳐 지나간 노래, 계절의 냄새, 밤하늘의 별빛
그런 것들이 문득 어떤 기억을 떠올리게 할 때가 있죠.
시간이 흘러도 사라지지 않고, 마음 어딘가에 남아 있는 그 기억들
그것이 바로, 여러분이 살아온 시간을 증명하는 소중한 증거예요.

時間が経っても、記憶は消えない。

ふとした瞬間に、思い出が蘇る。

それが、生きてきた証なんだ。

📝 표현 해설

- 「ふとした瞬間に」는 '우연한 순간에, 뜻밖의 순간에'라는 뜻으로 예상하지 못한 타이밍에 찾아오는 짧은 순간을 묘사할 때 자주 사용합니다.
- 「~が蘇る」는 잊혀졌던 감정이나 기억, 감각 등이 되살아날 때 사용하는 표현입니다.
- 「명사＋なんだ」는 어떤 사실이나 상황을 부드럽게 설명하거나 자신의 감정을 자연스럽게 전할 때 쓰는 말투입니다.

📝 단어 정리

時間 시간 | 経つ 지나다, 경과하다 | 記憶 기억 | ふとした 우연한, 사소한 | 瞬間 순간 |
蘇る 되살아나다 | 証 증거

잘 가요, 내 마음의 사람

📝 오늘의 문장

忘れるってことは悲しいことだね。

私もほんとにたくさんのことを忘れてしまった。

記憶とは、もう一度その瞬間を生きることだ。

頭の中でね。

잇는다는 것은 슬픈 일이야.
나도 정말 많은 것을 잊어버렸어.
기억이라는 것은, 한 번 더 그 순간을 사는 것이다.
머릿속에서 말이야.

🐚 출처

이 문장은 영화 『いま、会いにゆきます 지금, 만나러 갑니다』에서
잇는다는 것, 기억한다는 것, 그리고 다시 떠나보내는 마음을 그린 장면에서
인용되었어요. 죽음과 이별을 다루면서도 따뜻하고 희망적인 시선을 잃지
않는 이 작품은 사랑했던 사람을 마음속에서 계속 살아가게 하는 힘이
'기억'에 있다는 메시지를 전하고 있어요.

☕ 와카메 센세의 토닥토닥

기억은 때로 눈물이 되고, 때로 미소가 돼요.
잊으려 해도 문득 스치는 장면이,
여러분 마음속 그 사람을 다시 불러오죠.
잘 가요, 내 마음의 사람

忘れるってことは悲しいことだね。

私もほんとにたくさんのことを忘れてしまった。

記憶とは、もう一度その瞬間を生きることだ。

頭の中でね。

- 「~ってことは」는 「~ということは」의 회화체 표현으로 '~라는 것은, ~라는 말은'이라는 뜻으로 앞의 내용을 근거로 추론하거나 결론을 말할 때 사용하는 표현입니다.
- 「~ことだ」는 '~하는 일이다, ~하는 것이다'라는 뜻으로 어떤 상황이나 개념을 정리하거나 강조할 때 사용합니다.

단어 정리

悲しい 슬프다 | ほんとに 정말, 정말로 | 頭 머리 | 中 속, 안

PART 5

용기

망설임 끝에 내딛는 한 걸음

선택, 시도, 결단

그 순간, 한 걸음이 필요했어

✎ 오늘의 문장

人生が一変する瞬間というのは、
ほんの小さな一歩から始まることがある。
その一歩を踏み出せるかどうかで、未来は大きく変わる。
怖くても、一歩だけなら踏み出せるはずだよ。

인생이 완전히 바뀌는 순간이란,
아주 작은 한 걸음에서 시작되는 경우가 있어.
그 한 걸음을 내디딜 수 있을지 아닐지로, 미래는 크게 바뀌어.
무서워도, 한 걸음만이라면 내디딜 수 있을 거야.

🐚 출처

이 문장은 자기계발서 『心のスイッチを入れる言葉 마음의 스위치를
켜 주는 말』에 실린 이타미 주조(伊丹十三)의 문구에서 발췌한 것이에요.
작은 결단 하나가 미래를 바꿀 수 있다는 메시지를 통해
두려움 속에서도 첫걸음을 내딛는 용기의 중요성을 일깨워 줍니다.

☕ 와카메 센세의 토닥토닥

처음은 늘 떨리고 무서워요.
하지만 '한 걸음'은 거창할 필요가 없어요.
잠시 숨을 고르고, 마음을 다잡아,
작게 내딛는 그 순간이 인생을 바꾸는 기적이 될 수 있어요.

人生が一変する瞬間というのは、

ほんの小さな一歩から始まることがある。

その一歩を踏み出せるかどうかで、未来は大きく変わる。

怖くても、一歩だけなら踏み出せるはずだよ。

📝 표현 해설

- 「~というのは」는 '~란, ~라는 것은'이라는 뜻으로 어떤 개념이나 사실에 대해 정의하거나 설명을 덧붙일 때 사용합니다.
- 「~ことがある」는 '~하는 경우가 있다'라는 뜻으로 어떤 일이 일어날 가능성을 나타낼 때 사용합니다.
- 「~だけなら」는 '~만이라면, ~하는 것 정도라면'이라는 뜻으로 그 정도의 조건이나 상황이라면 가능하다는 뉘앙스를 담고 있습니다.
- 「~はずだ」는 '(당연히) ~일 것이다'라는 뜻으로 객관적인 근거를 바탕으로 말하는 사람이 확신을 가지고 추측할 때 사용하는 표현입니다.

📝 단어 정리

一変 완전히 바뀜 | ほんの 아주, 그저 | 始まる 시작되다 | 踏み出す 내딛다 |
変わる 바뀌다, 변하다 | 怖い 무섭다, 두렵다

두렵지만 해 볼래

✍ 오늘의 문장

失敗を恐れるな。

恐れて何もしないことこそ、最大の失敗だ。

挑戦すれば、たとえ失敗しても何かが残る。

やらない後悔より、やった後悔のほうがずっといい。

실패를 두려워하지 마라.

두려워서 아무것도 하지 않는 것이야말로, 가장 큰 실패다.

도전하면, 설령 실패하더라도 무언가가 남는다.

안 한 후회보다, 한 후회 쪽이 훨씬 좋다.

🐚 출처

이 문장은 일본의 전설적인 야구 선수 스즈키 이치로(鈴木一朗)가
다양한 인터뷰와 저서에서 밝힌 도전·실패·후회에 대한 철학을
바탕으로 정리한 내용이에요.
실패를 두려워하지 말고, 도전하는 것 자체가 인생을 앞으로 나아가게
한다는 짧고 강렬한 메시지를 담고 있어요.

☕ 와카메 센세의 토닥토닥

두렵다고 느낀다는 건, 여러분이 그만큼 진심이라는 뜻이에요.

완벽하지 않아도 괜찮아요.

망설이던 그 자리에서 한 발 내딛는 것만으로도 여러분은 이미 용기를 낸 거예요.

해 보려 했다는 사실만으로도 충분히 잘하고 있어요.

失敗を恐れるな。

恐れて何もしないことこそ、最大の失敗だ。

挑戦すれば、たとえ失敗しても何かが残る。

やらない後悔より、やった後悔のほうがずっといい。

- 「~な」는 동사 기본형에 접속하여 '~하지 마라, ~하지 마'라는 뜻을 나타내는 금지 표현으로, 주로 남성적인 말투에서 강한 명령이나 경고를 나타낼 때 사용합니다.
- 「~こそ」는 '~야말로'라는 뜻으로 어떤 대상이나 내용을 강조하고 싶을 때 사용합니다.
- 「たとえ~ても」는 '설령 ~하더라도'라는 뜻으로 어떤 상황이나 조건에서도 변하지 않는 사실이나 의지를 나타냅니다.
- 「~より、~のほうが」는 '~보다 ~쪽이 더'라는 뜻으로 두 가지를 비교하며 뒤에 오는 것을 더 선호하거나 낫다고 말할 때 쓰는 비교 표현입니다.

단어 정리

恐れる 두려워하다 | 挑戦 도전 | 何か 무언가, 무엇인가 | やる 하다 | ずっと 훨씬, 매우, 아주

망설여도 괜찮아

✍ 오늘의 문장

悩んで、立ち止まって、遠回りしてもいい。
大事なのは、歩みを止めないこと。
一歩が出なくても、自分を責めないで。

고민하고, 멈춰 서고, 돌아가도 괜찮아.
중요한 것은, 걸음을 멈추지 않는 것.
한 걸음을 나아가지 못해도, 자신을 비난하지 마.

🐚 출처

이 말은 일본의 배우 아라가키 유이(新垣結衣)가 드라마 홍보 인터뷰에서
팬들에게 전한 위로의 메시지를 바탕으로 한 발언입니다. 그녀는 《도망치
는 건 부끄럽지만 도움이 된다》, 《하늘을 나는 타이어》 등 여러 작품에서
따뜻하고 섬세한 연기를 선보이며, 많은 이들에게 위로를 전해 왔어요.
이 문장은 실제 인터뷰에서 그녀가 밝힌 '천천히 가도 괜찮다'라는 삶의
태도를 요약한 표현으로, 다양한 인용 문구 모음집에도 실려 있습니다.

☕ 와카메 센세의 토닥토닥

돌아가는 길도, 잠시 멈춰 선 시간도
모두 나에게 필요한 여정일 수 있어요.
그러니 천천히 가도 괜찮아요.
그 자리에 있어 주는 여러분이 참 고마운 존재니까요.

悩んで、立ち止まって、遠回りしてもいい。

大事なのは、歩みを止めないこと。

一歩が出なくても、自分を責めないで。

- 「~ないで」는 '~하지 마, ~하지 마라'라는 뜻으로 상대에게 어떤 행동을 하지 않도록 요청할 때 사용하는 표현입니다.

悩む 고민하다 | 立ち止まる 멈춰 서다 | 遠回り 돌아감, 우회 | 歩み 걸음 | 止める 멈추다 | 出る 나아가다, 나오다, 나가다 | 責める 비난하다, 책망하다

DAY 044 실패해도 해 볼 거야

📝 오늘의 문장

しっぱい
失敗したところでやめてしまえば、それは失敗になる。
せいこう　　　　　　つづ　　　　　　　　　　　せいこう
成功するまで続ければ、それは成功になる。
わたし　　　　あきら
だから私は、諦めない。

실패한 곳에서 그만둬 버리면, 그것은 실패가 된다.
성공할 때까지 계속하면, 그것은 성공이 된다.
그래서 나는, 포기하지 않는다.

🖐 출처

이 문장은 파나소닉 창립자 마쓰시타 고노스케(松下幸之助)가
실제로 강연이나 저서에서 성공과 포기의 차이를 설명하며 남긴 명언입니다.
수많은 실패를 거쳐 성공에 이른 기업가답게, 끝까지 포기하지 않는 자세
야말로 성공의 열쇠임을 강조한 말이에요.

☕ 와카메 센세의 토닥토닥

실패는 멈추는 순간, 비로소 실패가 돼요.
조금씩이라도 계속 나아가는 여러분은 이미 성공의 길 위에 있어요.
포기하지 않는 그 마음, 참 멋져요.

失敗したところでやめてしまえば、それは失敗になる。

成功するまで続ければ、それは成功になる。

だから私は、諦めない。

- 「~たところで」는 '~한 곳에서, ~한 순간에'라는 뜻으로 어떤 행동이나 상태가 방금 끝났거나 일어난 바로 그 시점을 강조할 때 사용하며, 결과적으로 아무 소용이 없거나 기대한 결과를 얻지 못함을 강조할 때도 사용합니다.
- 「~ば」는 '~하면'이라는 뜻의 조건 표현으로 이 문장에서는 어떤 조건이 성립했을 때 자연스럽게 따라오는 결과를 나타내는 데 사용되었습니다.

단어 정리

失敗 실패 | やめる 그만두다, 멈추다 | 続ける 계속하다 | 諦める 포기하다

누가 뭐래도
내가 정한 길이야

✏️ 오늘의 문장

道を選ぶということは、
必ずしも楽な道を選ぶということじゃない。
他人にどう言われようと、自分が信じた道を進めばいい。
自分の人生は、自分で決めていいんだよ。

길을 선택한다는 것은,
반드시 편한 길을 선택한다는 것은 아니야.
다른 사람에게 어떤 말을 듣더라도, 자신이 믿는 길을 나아가면 돼.
자신의 인생은, 스스로 결정해도 괜찮은 거야.

🖐️ 출처

이 문장은 영화감독 고레에다 히로카즈(是枝裕和)가 인터뷰에서 전한 메시지로, 자신만의 길을 가는 것의 어려움과 그 속에서 필요한 용기에 대해 말한 부분이에요.
그가 연출한 작품인 『万引き家族 어느 가족』, 『そして父になる 그렇게 아버지가 된다』처럼, 늘 사람의 마음 깊은 곳을 섬세하게 들여다보는 그의 시선이 고스란히 느껴지는 문장입니다.

☕ 와카메 센세의 토닥토닥

누가 뭐래도 괜찮아요.
내가 믿는 길이라면, 그 자체로 이미 의미가 있어요.
쉬운 길은 아닐 수 있지만, 진짜 나로 살아갈 수 있는 길이니까요.
오늘도 한 걸음, 나답게 나아가 봐요.

道を選ぶということは、

必ずしも楽な道を選ぶということじゃない。

他人にどう言われようと、自分が信じた道を進めばいい。

自分の人生は、自分で決めていいんだよ。

- 「~ということは」는 '~라는 것은, ~라고 하는 것은'이라는 뜻으로 내용을 명사화하여, 어떤 판단이나 추론을 이끌어 낼 때 사용합니다.
- 「必ずしも~じゃない」는 강한 부정 표현으로 '반드시 ~한 것은 아니다'라는 뜻을 나타냅니다.
- 「~ようと」는 '~하더라도, ~라고 해도'라는 뜻으로 역접·양보의 의미를 가지며, 상황이 달라져도 결과가 변하지 않음을 나타낼 때 쓰는 표현입니다.
- 「~ていい」는 '~해도 괜찮다'라는 뜻으로 상대방의 행동을 허용하거나 긍정적인 위로를 전달할 때 사용합니다.

단어 정리

選ぶ 선택하다, 고르다 | 楽だ 편하다, 쉽다 | 言われる 말을 듣다 | 決める 결정하다

모르는 길도 나만의 길이 돼

✎ 오늘의 문장

道<ruby>みち</ruby>に迷<ruby>まよ</ruby>うことは、
自分<ruby>じぶん</ruby>だけの道<ruby>みち</ruby>を見<ruby>み</ruby>つけるチャンスでもある。
誰<ruby>だれ</ruby>かの地図<ruby>ちず</ruby>にはない景色<ruby>けしき</ruby>が、
きっとそこに広<ruby>ひろ</ruby>がってるから。
踏<ruby>ふ</ruby>み出<ruby>だ</ruby>した一歩<ruby>いっぽ</ruby>が、新<ruby>あたら</ruby>しい "自分<ruby>じぶん</ruby>の道<ruby>みち</ruby>" になるんだ。

길을 헤맨다는 것은,
자신만의 길을 찾는 기회이기도 해.
누군가의 지도에는 없는 풍경이,
반드시 그곳에 펼쳐지고 있으니까.
내디딘 한 걸음이, 새로운 '자신의 길'이 되는 거야.

🔖 출처

이 말은 일본의 전설적인 발레리나 요시다 미야코(吉田都)가 은퇴 전 인터뷰에서 했던 발언을 바탕으로 구성한 문장이에요.
그녀는 10대 시절 혼자 영국으로 발레 유학을 떠나, 불안 속에서도 스스로 길을 개척해 나갔고, "누군가가 걷지 않은 길을 간다는 것은 두렵지만 아름다운 일"이라고 말해 많은 이들에게 깊은 감동을 주었습니다.

☕ 와카메 센세의 토닥토닥

어디로 가는지 잘 몰라도 괜찮아요.
지금 발을 딛는 그 길이, 결국 나만의 이야기가 되는 것이니까요.
혼자 걷는 것처럼 보여도, 나답게 걷는 그 길은 분명 반짝이고 있어요.

道に迷うことは、

自分だけの道を見つけるチャンスでもある。

誰かの地図にはない景色が、

きっとそこに広がってるから。

踏み出した一歩が、新しい"自分の道"になるんだ。

- 「~ことは、~でもある」는 '~라는 것은 ~이기도 하다'라는 뜻으로 하나의 사실이나 상황이 동시에 또 다른 의미를 가질 때 사용합니다.

단어 정리

道に迷う 길을 헤매다, 길을 잃다 | 見つける 찾다, 발견하다 | 誰か 누군가 | 広がる 펼쳐지다, 펴지다

내 안의 목소리를 믿기로 했어

✍ 오늘의 문장

じぶん　こころ　こえ
自分の心の声を、
しん
信じられるようになったとき、
ひと　つよ
人は強くなれるのよ。

자신의 마음의 소리를,
믿을 수 있게 되었을 때,
사람은 강해질 수 있는 거야.

출처

애니메이션 영화『君たちはどう生きるか 그대들은 어떻게 살 것인가』는
미야자키 하야오(宮崎駿) 감독이 '삶의 태도'에 대해 질문을 던지는 작품
이에요.
영화 속 등장인물인 히사코가 전하는 이 말은 남의 시선보다 자신의 내면에
귀 기울이는 것이 진정한 강함의 시작임을 알려 줍니다.

☕ 와카메 센세의 토닥토닥

다른 사람의 목소리보다
내 마음이 들려주는 아주 작은 속삭임이 더 정확할 때가 있어요.
오늘은 그 속삭임을 믿어 보는 날이에요.
여러분의 진짜 용기는 이미 마음속에서 이야기하고 있답니다.

自分の心の声を、
信じられるようになったとき、
人は強くなれるのよ。

- 「동사 가능형+ようになる」는 '~할 수 있게 되다'라는 뜻으로 능력이나 습관, 상태가 점차 변하는 과정을 나타낼 때 쓰는 표현입니다.
- 「~とき」는 '~할 때'라는 뜻으로 어떤 시점이나 상황을 나타낼 때 사용합니다.
- 「い형용사+くなる」는 '~해지다, ~하게 되다'라는 뜻으로 상태의 변화를 나타낼 때 사용합니다.
- 「~のよ」는 여성 화자의 말투로, 따뜻하게 설명하거나 감정을 담아 말할 때 사용합니다.

단어 정리

声 소리, 목소리 | 強い 강하다

변화는 작은 결심에서 시작돼

DAY 048

✍ 오늘의 문장

できることから始（はじ）めればいい。

大（おお）きな夢（ゆめ）も、小（ちい）さな一歩（いっぽ）から始（はじ）まるんだ。

"今日（きょう）、やってみようかな" その気持（きも）ちがすべてを
変（か）えるかもしれない。

할 수 있는 것부터 시작하면 돼.
큰 꿈도, 작은 한 걸음에서 시작되는 거야.
"오늘, 해 볼까?" 그 마음이 모든 것을
바꿀지도 몰라.

📎 출처

이 문장은 일본의 국민 여배우 이시하라 사토미(石原さとみ)가
『with』 잡지 인터뷰에서 전한 말로, 무언가를 시작할 때는 완벽한 준비보다
마음이 먼저 움직이는 것이 더 중요하다는 메시지를 담고 있어요.
작은 결심 하나가 큰 변화의 시작이 될 수 있다는 따뜻한 격려의 말이에요.

☕ 와카메 센세의 토닥토닥

거대한 변화는 거대한 용기에서 오는 게 아니에요.
'오늘 한번 해 볼까?'라는 작고 조용한 결심에서 시작돼요.
오늘의 여러분도, 이미 충분히 잘하고 있어요.

 できることから始めればいい。

大きな夢も、小さな一歩から始まるんだ。

"今日、やってみようかな" その気持ちがすべてを

変えるかもしれない。

- 「~てみよう」는 「~てみる ~해 보다」에 「よう」가 붙은 의지형으로, 어떤 일을 시도하려는 의지를 나타낼 때 사용합니다.
- 「~かな」는 '~일까?'라는 뜻으로 혼잣말처럼 스스로에게 묻거나 가벼운 추측을 표현할 때 사용합니다.
- 「~かもしれない」는 '~일지도 모른다'라는 뜻으로 확실하지 않은 가능성이나 추측을 나타내는 표현입니다.

단어 정리

始める 시작하다 | **変える** 바꾸다

앞으로 다가올 행복을 기대해

✍ 오늘의 문장

まだ始まってもいない未来を、

自分で決めつけてしまうには、

この先にあるかもしれない幸せが、

あまりにも、もったいない気がする。

아직 시작되지도 않은 미래를,
스스로 단정 지어 버리기에는,
앞으로 있을지도 모를 행복이,
너무나도, 아깝다는 생각이 들어.

🐚 출처

영화 『そして、バトンは渡された 그리고 바통은 넘겨졌다』는 우리 삶 속 인연과 선택의 의미를 따뜻한 시선으로 그려낸 작품이에요. 모리미야의 이 대사는 아직 시작되지 않은 미래를 두려워하기보다, 다가올 행복을 기대하며 살아가 보라는 다정한 응원의 메시지를 전합니다.

☕ 와카메 센세의 토닥토닥

아직 시작하지도 않은 일에 미리 겁먹고 포기할 필요는 없어요.
그 앞에 어떤 행복이 기다리고 있을지는 아무도 모르니까요.
혹시 지금 도전 앞에서 망설이고 있다면, '아직 펼쳐지지 않은 내 가능성'을
한 번쯤 믿어 보는 건 어때요?

まだ始まってもいない未来を、

自分で決めつけてしまうには、

この先にあるかもしれない幸せが、

あまりにも、もったいない気がする。

- 「~には」는 '~하기에는, ~에 있어서는'이라는 뜻으로 어떤 판단이나 행동을 할 때의 기준이나 조건을 나타내는 표현입니다.
- 「~気がする」는 '~한 생각이 들다, ~한 느낌이 들다'라는 뜻으로 자신의 주관적인 생각이나 감정을 부드럽게 전할 때 사용하는 표현입니다.

단어 정리

決めつける 단정 짓다, 단언하다 | 幸せ 행복 | あまりにも 너무나도 | もったいない 아깝다, 아쉽다

벽은 또 다른 기회를 만나는 순간

오늘의 문장

壁というのは、できる人にしかやってこない。
超えられる可能性のある人にしかやってこないんです。
だから、壁がある時はチャンスだと思っています。

벽이라는 것은, 할 수 있는 사람에게 밖에 찾아오지 않는다.
넘을 수 있는 가능성이 있는 사람에게 밖에 찾아오지 않는 거예요.
그래서, 벽이 있을 때는 기회라고 생각하고 있습니다.

출처

이 명언은 일본의 전설적인 야구 선수 스즈키 이치로(鈴木一朗)가 인터뷰와 다큐멘터리 등에서 여러 차례 언급한 말로, 그의 도전과 성실함을 상징하는 대표적인 어록 중 하나입니다.
이 말은 시련(벽)이란, 즉 능력이 있는 사람에게만 주어지는 기회라고 전합니다. 포기하고 싶어지는 순간에도 자신의 가능성을 믿고 나아가라는 따뜻한 격려가 담겨 있어요.

와카메 센세의 토닥토닥

지금 여러분 앞에 있는 벽이 너무 높게만 느껴지나요?
하지만 사실, 그 벽이 있다는 건
여러분이 그것을 넘을 수 있는 사람이라는 증거이기도 해요.
이미 내디딘 첫걸음, 그것만으로도 충분히 용기 있었어요.
천천히, 그리고 한 걸음씩, 나아가면 돼요. 응원할게요.

壁というのは、できる人にしかやってこない。

超えられる可能性のある人にしかやってこないんです。

だから、壁がある時はチャンスだと思っています。

- 「~られる」는 동사의 가능형으로 '~할 수 있다'라는 뜻입니다.
- 「~しか~ない」는 '~밖에 ~않다, ~밖에 ~없다'라는 뜻으로 범위가 제한되어 있음을 강조합니다.
- 「~と思っています」는 '~라고 생각하고 있습니다'라는 뜻으로 마음속에 계속 가지고 있던 신념이나 의견 등을 나타낼 때 사용합니다.

단어 정리

壁 벽 | やってくる 찾아오다, 다가오다 | 超える 넘다 | 可能性 가능성

PART 6

회복

다시 시작하는 힘

상처, 위로, 회복력

DAY 051

아프다는 건 살아 있다는 증거

🖊 오늘의 문장

痛いってことは、

まだ生きているってことだ。

だから、逃げないで前を向け。

아프다는 것은,
아직 살아 있다는 것이야.
그러니까, 도망치지 말고 앞을 향해.

🐚 출처

드라마 『3年A組 ―今から皆さんは、人質です― 3학년 A반, 지금부터
여러분은 인질입니다』제5화에 나오는 히이라기 이부키의 대사예요.
그는 상처받은 학생들에게 '아픔은 살아 있다는 증거'라고 말하며
다시 일어설 용기를 건네는 장면이에요.

☕ 와카메 센세의 토닥토닥

아프다는 건, 아직 끝나지 않았다는 증거예요.
지금 마음이 시리고 아파도 괜찮아요.
살아 있기 때문에 느끼는 감정이니까요.
눈물은 흘려도 괜찮아요. 대신 고개는 조금씩 들어 볼까요?
오늘도 저는 여러분의 앞날을 응원할게요.

痛いってことは、

まだ生きているってことだ。

だから、逃げないで前を向け。

- 「~ないで」는 '~하지 말고'라는 뜻으로 앞의 동작을 하지 않은 상태에서 뒤의 행동을 하라는 의미를 나타낼 때 사용합니다.
- 「向け」는 「向く」의 명령형으로 어떤 방향으로 시선을 돌리거나 주의를 기울이라는 의미의 표현이며, 상황에 따라 강한 명령이나 지시의 뉘앙스를 나타내기도 합니다.

단어 정리

痛い 아프다 | 逃げる 도망치다

DAY 052 있는 그대로의 나를 받아들이는 용기

✍ 오늘의 문장

かんぺき
完璧じゃなくていい。

じ ぶん
ありのままの自分を

あい
愛してあげて。

완벽하지 않아도 괜찮아.
있는 그대로의 자신을
사랑해 줘.

🐚 출처

이 문장은 일본의 국민 배우이자 방송인 구로야나기 테츠코(黒柳徹子)가 인터뷰에서 한 말로 자존감과 자기 수용에 대한 따뜻한 메시지를 담고 있어요.
그녀가 '자기 자신을 있는 그대로 받아들이는 용기'에 대해 이야기할 때 대표적으로 인용되는 문장이며, 많은 사람들에게 위로와 용기를 건네는 명언으로 널리 알려져 있습니다.

☕ 와카메 센세의 토닥토닥

가끔 멈추고 싶을 때, 완벽하지 못해 서글퍼질 때가 있죠.
그럴 때일수록 가장 필요한 건 여러분 자신에게 건네는 따뜻한 말 한마디예요.
지금 이대로도 여러분은 충분히 잘하고 있어요.
그러니 오늘만큼은 부디, 스스로를 꼭 안아 주세요.

完璧じゃなくていい。

ありのままの自分を

愛してあげて。

- 「~じゃなくていい」는 '~이/가 아니어도 괜찮다'라는 뜻으로 어떤 조건이나 기준을 반드시 충족하지 않아도 됨을 나타내는 너그러운 뉘앙스의 표현입니다.
- 「~てあげて」는 동사 て형에 「あげて」가 붙은 형태로 '~해 줘'라는 뜻입니다. 상대방이나 제3자를 위해 어떤 행동을 해 달라고 부탁하거나 권유할 때 사용하는 부드러운 표현입니다.

단어 정리

完璧 완벽 | ありのまま 있는 그대로 | 愛する 사랑하다

울고 나면 조금 가벼워져

✍ 오늘의 문장

泣きたいときは、泣いていいんだよ。
涙は、心の弱さではなく、心の洗浄だ。
思いっきり泣いたあとには、きっと心が軽くなるから。

울고 싶을 때는, 울어도 괜찮아.
눈물은, 마음의 약함이 아니라, 마음의 정화야.
실컷 울고 난 후에는, 분명 마음이 가벼워질 거니까.

🐚 출처

이 문장은 일본의 심리 상담 분야와 치유 관련 콘텐츠에서 널리 인용되는 문장으로, 온라인과 SNS 상에서 많이 공유되고 있어요. 특히 「泣きたいときは、泣いていい 울고 싶을 때는, 울어도 괜찮아」와 「涙は、心の洗浄 눈물은, 마음의 정화」라는 문구는 많은 일본 셀프 케어 관련 글에서 반복적으로 등장합니다. 비록 특정 인물의 공식 발언으로 확인되지는 않았지만, 심리·힐링 분야에서 공감 메시지로 널리 인정받아 사용되는 문구입니다.

☕ 와카메 센세의 토닥토닥

눈물이 흐른다고 해서 약한 건 아니에요.
눈물은 마음을 씻어 주는 자연스러운 작용이니까요.
오늘만큼은 애써 참지 말고, 울어도 괜찮아요.
울고 나면, 여러분의 마음은 분명 조금 더 가벼워질 거예요.

泣きたいときは、泣いていいんだよ。

涙は、心の弱さではなく、心の洗浄だ。

思いっきり泣いたあとには、きっと心が軽くなるから。

- 「~たいときは」는 '~하고 싶을 때는'이라는 뜻으로 희망을 나타내는 「~たい」와 '~할 때'를 뜻하는 「~とき」가 결합한 표현입니다.
- 「~ではなく~だ」는 '~이/가 아니라 ~이다'라는 뜻으로 대조하거나 내용을 구체적으로 설명할 때 사용하는 표현입니다.
- 「~たあとには」는 '~한 후에는'이라는 뜻으로 동사의 과거형에 「あと」와 「には」가 붙어 시간의 흐름이나 상황 변화를 강조할 때 사용하는 표현입니다.

단어 정리

洗浄 정화, 세정 | 思いっきり 실컷, 마음껏 | 軽い 가볍다

괜찮다고 말해 주는 목소리

✎ 오늘의 문장

大丈夫。必ず朝は来る。
その痛みも、涙も、今のあなたを作っている。
焦らなくていい。ゆっくりでいい。

괜찮아. 반드시 아침은 와.
그 아픔도, 눈물도, 지금의 너를 만들고 있어.
조급해하지 않아도 괜찮아. 천천히 해도 괜찮아.

🖋 출처

이 문장은 스튜디오 지브리의 창립자이자 《이웃집 토토로》, 《센과 치히로의 행방불명》으로 잘 알려진 영화감독 미야자키 하야오(宮崎駿)가 여러 인터뷰에서 자주 강조해 온 삶의 철학에서 비롯된 말이에요. 특히 어려움을 겪는 사람들에게 전하는 위로의 메시지로, '조급해하지 말라, 아침은 온다'라는 표현은 수많은 팬들에게 오랫동안 기억되고 있습니다.

☕ 와카메 센세의 토닥토닥

지금 이 순간, 마음이 괴롭고 아프다면
그 감정을 있는 그대로 받아들여도 괜찮아요.
아침은 반드시 옵니다. 누군가 여러분에게 "괜찮아"라고 말해 줄 수 있다면,
그것만으로도 다시 조금씩 걸어 갈 힘이 생길 거예요.
지금 이 말이, 당신에게 바로 그런 목소리가 되었으면 좋겠어요.

大丈夫。必ず朝は来る。

その痛みも、涙も、今のあなたを作っている。

焦らなくていい。ゆっくりでいい。

- 「その~も、~も」는 '그 ~도, ~도'라는 뜻으로 같은 조사를 반복하여 나열하면서, 각각의 요소를 강조하거나 동등하게 다룰 때 사용하는 표현입니다.
- 「~なくていい」는 '~하지 않아도 괜찮다'라는 뜻으로 어떤 행동을 굳이 하지 않아도 된다는 허용이나 위로의 뉘앙스를 전달할 때 사용합니다.

단어 정리

必ず 반드시 | 痛み 아픔 | ゆっくり 천천히

마음의 붕대 감기

✍ 오늘의 문장

だれ
誰だって、心に傷を持っている。

見えないからこそ、優しく触れてあげたい。

言葉は、心の傷にそっと巻く絆創膏なんだ。

누구라도, 마음에 상처를 가지고 있어.
보이지 않기 때문에야말로, 다정하게 만져 주고 싶어.
말은, 마음의 상처에 살며시 감는 반창고야.

🐚 출처

이 문장은 가수이자 성우, 방송인으로 활동 중인 나카가와 쇼코(中川翔子)가
자신의 블로그와 인터뷰, 에세이 등에서 전한 진심 어린 메시지 중 일부예요.
그녀는 어린 시절 겪은 외로움, 따돌림, 가족과의 이별을 바탕으로 '말의
힘'과 '작은 위로'의 중요성에 대해 자주 이야기해 왔으며, 이 문장 역시 그
마음을 담고 있습니다.

☕ 와카메 센세의 토닥토닥

가끔은 마음이 다쳤다는 것을 아무도 몰라 주어서
더 아프게 느껴질 때가 있지요. 그럴 때, 누군가의 한마디가 마음에
조용히 감겨 오는 작은 붕대가 되기도 해요.
오늘 여러분의 마음에도 그런 따뜻한 말이 조용히 닿기를 바라요.

誰だって、心に傷を持っている。

見えないからこそ、優しく触れてあげたい。

言葉は、心の傷にそっと巻く絆創膏なんだ。

- 「誰だって」에서 「~だって」는 '~라도'라는 뜻으로 회화에서 예시를 들거나 누구나 그렇다는 점을 강조할 때 사용하는 표현입니다.

持つ 가지다, 들다 | 触れる 만지다, 닿다, 접하다 | そっと 살며시, 살짝 | 巻く 감다 | 絆創膏 반창고

상처 위에 피어나는 꽃

오늘의 문장

傷ついた分だけ、人は優しくなれる。
苦しかった日々が、誰かを救う力になることもある。
だからこそ、その痛みは無駄じゃない。

상처 입은 만큼, 사람은 다정해질 수 있어.
힘들었던 나날이, 누군가를 구하는 힘이 되는 경우도 있어.
그렇기 때문에, 그 아픔은 헛되지 않아.

출처

이 문장은 일본의 국민 배우 요시나가 사유리(吉永小百合)가 TV 인터뷰와
자서전에서 여러 차례 언급해 온 삶의 메시지입니다. 오랜 연기 인생 속에
서 겪은 상실과 고통, 그리고 사회적 활동을 통해 얻은 통찰이 담겨 있으며,
일본은 물론 한국에서도 널리 사랑받는 그녀의 따뜻한 인생 철학이 잘 드러난
문장이에요.

와카메 센세의 토닥토닥

그때의 상처가 없었다면, 지금의 여러분도 없었을 거예요.
눈물 뒤에 피어나는 작은 용기, 그것은 세상 그 어떤 꽃보다 귀한 것이지요.
오늘도 여러분 안의 꽃은 천천히, 그러나 분명히 피어나고 있답니다.

傷ついた分だけ、人は優しくなれる。

苦しかった日々が、誰かを救う力になることもある。

だからこそ、その痛みは無駄じゃない。

- 「~分だけ」는 '~한 만큼'이라는 뜻으로 어떤 수량이나 경험의 정도에 비례해 그에 따른 결과가 나타날 때 사용하는 표현입니다.
- 「~くなれる」는 い형용사의 변화 표현인 「~くなる ~해지다, ~하게 되다」에 가능형 「~れる」가 붙은 형태로, '~해질 수 있다, ~하게 될 수 있다'라는 뜻입니다. 즉, 어떤 성질이나 상태로 변화할 수 있는 가능성을 나타냅니다.
- 「~こともある」는 '~하는 경우도 있다'라는 뜻으로 어떤 일이 일어날 가능성이나 가끔 발생하는 일반적인 사실을 말할 때 사용합니다.

傷つく 상처 입다 | 苦しい 힘들다, 괴롭다 | 日々 나날, 매일 |
だからこそ (바로) 그렇기 때문에, 그래서야말로 | 無駄だ 헛되다, 쓸모없다

스스로에게 보내는 편지

✍ 오늘의 문장

自分を好きになれるのは、自分しかいないのよ。

自分で自分を励まして、自分で自分を信じてあげるの。

だって、ずっと一緒にいるのは自分なんだから。

자신을 좋아하게 되는 것은, 자신밖에 없는 거야.
스스로 자신을 격려하고, 스스로 자신을 믿어 줘.
왜냐하면, 계속 함께 있는 것은 자신이니까.

🐚 출처

구로야나기 테츠코(黒柳徹子)는 일본을 대표하는 방송인이자 작가이며,
유니세프 친선 대사로도 활동하고 있어요. 이 문장은 그녀가 인터뷰와
자서전 『窓ぎわのトットちゃん 창가의 토토』 관련 방송에서 자주 강조해
온 내용으로, 자기 자신을 사랑하고 보듬는 것의 중요성을 전하며 많은
사람들에게 깊은 위로를 건넸습니다.

☕ 와카메 센세의 토닥토닥

가장 긴 시간을 함께하는 사람은, 다른 누구도 아닌 '나'예요.
그 누구보다 나를 믿어 주고, 다정하게 편지를 써 주듯 응원해 주세요.
오늘의 여러분에게, 내일의 여러분이 따뜻한 편지를 보낼 수 있기를.

自分を好きになれるのは、自分しかいないのよ。

自分で自分を励まして、自分で自分を信じてあげるの。

だって、ずっと一緒にいるのは自分なんだから。

- 「~しか~ない」는 '~밖에 ~없다'라는 뜻의 한정 표현으로 다른 선택이나 가능성 없이 그것만 존재함을 강조할 때 사용하는 표현입니다.
- 「~の」는 문장 끝에 쓰이는 표현으로 주로 여성 화자가 설명을 덧붙이거나 감정을 담아 부드럽게 말할 때 사용합니다.

단어 정리

好きになる 좋아하게 되다, 좋아지다 | **励ます** 격려하다, 응원하다 | **だって** 왜냐하면 | **いる** 있다

나를 다시 사랑하는 법

✍️ 오늘의 문장

生きているということ
いま生きているということ
愛するということ
愛されるということ

살아 있다는 것
지금 살아 있다는 것
사랑한다는 것
사랑받는다는 것

🐚 출처

일본 현대시의 거장 다니카와 슌타로(谷川俊太郎)의 시집 『生きる 살다』에
수록된 이 시는 삶의 매 순간을 '살아 있음'으로 마주하며, 사랑과 존재의
의미를 깊이 있게 그려내었어요.

☕ 와카메 센세의 토닥토닥

여러분, 나를 다시 사랑하는 일은 결코 거창한 게 아니에요.
'살아 있다는 것'만으로 우리는 이미 충분히 사랑받을 자격이 있고,
누군가를 사랑할 힘을 지닌 존재예요.
오늘 이 문장을 필사하면서, 있는 그대로의 자신을 다정하게 안아 주세요.

生きているということ

いま生きているということ

愛するということ

愛されるということ

- 「~ということ」는 '~라는 것'이라는 뜻으로 어떤 사실이나 상태, 상황, 개념을 명사화해서 강조하거나 주제로 삼을 때 사용합니다.
- 「~される」는 수동형으로 '~받다, ~당하다'라는 뜻이며, 여기서는 「愛する 사랑하다」라는 기본형 동사가 수동형이 되어 「愛される 사랑받다」로 쓰였습니다.

愛される 사랑받다

이제 다시 걸어 보려 해

✍ 오늘의 문장

違う。違うよ。偶然じゃない。

私たちはみんな、自分で選んでここに来たの。

私たちは、自分の意思で出会ったんだよ。

아니야. 아니야. 우연이 아니야.

우리는 모두, 스스로 선택해서 여기에 온 거야.

우리는, 자신의 의지로 만난 거야.

🐚 출처

스미노 요루(住野よる)의 소설 『君の膵臓をたべたい 너의 췌장을 먹고 싶어』에
등장하는 문장으로, 여주인공 사쿠라가 '우연이나 운명이 아니라, 우리가
스스로 한 선택들이 서로를 만나게 한 거야'라고 말하는 대목이에요.
넘어져도 다시 일어설 수 있는 힘은 결국 자신의 선택에서 비롯된다는
메시지를 담고 있어요.

☕ 와카메 센세의 토닥토닥

넘어지는 일은 누구에게나 찾아와요.
하지만 다시 걸음을 내딛게 하는 건 언제나 여러분 안에 있는 의지예요.
작은 한 걸음이라도, 그것이 새로운 길의 시작이 될 수 있어요.

違う。違うよ。偶然じゃない。

私たちはみんな、自分で選んでここに来たの。

私たちは、自分の意思で出会ったんだよ。

- 「~じゃない」는 '~이/가 아니다'라는 부정 표현입니다.
- 「~んだよ」는 어떤 사실을 설명하거나 강조할 때 쓰는 회화체 종결 표현으로 말에 힘을 실어 상대를 설득하거나 공감을 유도하는 뉘앙스를 가집니다.

단어 정리

違う 다르다, 잘못되다 | 偶然 우연 | 出会う 만나다, 마주치다

나, 다시 시작할게

✍ 오늘의 문장

ここから、
もう一度やり直してみる。
私は私の道を歩いていく。

여기에서부터,
한 번 더 다시 시작해 볼게.
나는 나의 길을 걸어갈 거야.

🐚 출처

영화 『花束みたいな恋をした 꽃다발 같은 사랑을 했다』에서 하치야 키누가 관계의 끝을 지나, 다시 자신만의 길을 향해 나아가기로 결심하는 순간을 잘 보여 주는 문장이에요.

☕ 와카메 센세의 토닥토닥

끝이라고 생각했던 순간이 사실은 다시 걸음을 내딛는 출발점일지도 몰라요. 조금 늦어도 괜찮아요. 나만의 길을 향해, 오늘 마음을 단단히 다잡고 다시 한 걸음 내디뎌 볼까요?

 ここから、

もう一度やり直してみる。

私は私の道を歩いていく。

- 「~てみる」는 '~해 보다'라는 뜻으로 어떤 행동을 시도하거나 도전해 볼 때 사용하는 표현입니다.
- 「~ていく」는 「동사 て형+いく」의 형태로 '(앞으로) ~해 나가다'라는 뜻을 나타내며, 현재를 기점으로 미래를 향해 계속 이어지는 행동이나 상태의 변화를 나타낼 때 사용합니다.

단어 정리

やり直す 다시 시작하다, 다시 하다 | 道 길

PART 7

성장

느리지만 분명해지는 변화

변화, 배움, 성숙

어제보다 한 뼘 자란 나

📝 오늘의 문장

悪いことばかり続くもんじゃないよ。

まじめに努力していれば、いつか……、

夜はかならず朝となる。

長い冬がすぎれば、あたたかい春の日が……

나쁜 일만 계속되는 게 아니야.
성실하게 노력하고 있으면, 언젠가……,
밤은 반드시 아침이 돼.
긴 겨울이 지나면, 따뜻한 봄날이 찾아올 거야…….

🐚 출처

TV 애니메이션 『ドラえもん 도라에몽』에서 도라에몽이 노비타에게 건네는 따뜻한 조언으로 등장한 대사예요. 반복되는 실패와 좌절 속에서도 희망을 잃지 말라는 메시지를 전하며, 어린이뿐만 아니라 어른들에게도 깊은 감동을 주는 장면으로 회자되고 있어요.

☕ 와카메 센세의 토닥토닥

지금이 아무리 추운 겨울처럼 느껴져도, 봄은 반드시 찾아와요.
아주 작은 발걸음일지라도, 오늘도 용기를 내 준 여러분에게
고마움을 전하고 싶어요.
여러분의 어제가 만든 오늘, 그리고 오늘이 만든 내일을 응원할게요.

悪いことばかり続くもんじゃないよ。

まじめに努力していれば、いつか……、

夜はかならず朝となる。

長い冬がすぎれば、あたたかい春の日が……

- 「~ばかり」는 '~만'이라는 뜻으로 불만이나 부정적인 뉘앙스를 나타냅니다.
- 「~もんじゃない」는 '~하는 게 아니야, ~하지 않는 게 당연해'라는 뜻으로 「~ものではない」의 회화체 표현입니다. 어떤 행동이 부적절하거나 일반적인 기준에 어긋날 때 상대에게 충고나 주의를 줄 때 자주 사용합니다.
- 「~となる」는 '~이/가 되다'라는 뜻으로 「~になる」의 문어체 표현입니다.

단어 정리

続く 계속되다 | 長い 길다 | 冬 겨울 | すぎる 지나다 | 春 봄 | 日 날, 날짜

실패도 나를 키운다

📝 오늘의 문장

私の成功は、99％の失敗に支えられている。

失敗があるからこそ、次はもっと良いものが作れる。

だから失敗を恐れずに、やるべきことをやればいい。

나의 성공은, 99%의 실패에 의해 지탱되고 있다.

실패가 있기 때문에야말로, 다음에는 더 좋은 것을 만들 수 있다.

그러니까 실패를 두려워하지 말고, 해야 할 일을 하면 된다.

🐚 출처

이 명언은 혼다 자동차 창업자 혼다 소이치로(本田宗一郎)의 자서전 및
강연, 잡지 인터뷰 등에 자주 등장하는 핵심 발언 중 하나예요.
특히 그는 '실패를 두려워하지 않는 엔지니어 정신'을 무엇보다 강조했던
인물로, 기업의 창업과 성장 과정 전반에서 겪은 실패를 귀중한 '자산'으로
여겼어요.

☕ 와카메 센세의 토닥토닥

실패는 부끄러운 일이 아니에요. 그건 오히려 여러분이 뜨겁게 도전했다는
확실한 증거예요. 실패에 눌리기보다는, 그 위에 올라 한 뼘 더
성장해 보는 건 어떨까요?

私の成功は、99％の失敗に支えられている。

失敗があるからこそ、次はもっと良いものが作れる。

だから失敗を恐れずに、やるべきことをやればいい。

- 「~に支えられている」는 '~에 의해 지탱되고 있다, ~덕분에 유지되고 있다'라는 뜻으로 누군가나 어떤 요소가 뒤에서 받쳐 주거나 지지하고 있음을 나타내는 수동 표현입니다.
- 「~ずに」는 '~하지 말고, ~하지 않고'라는 뜻으로 어떤 동작을 하지 않은 채 다음 동작을 할 때 사용하는 표현입니다.
- 「~べき」는 '~해야 할'이라는 뜻으로 도덕적 의무나 책임 또는 당연히 해야 할 바람직한 행동을 표현할 때 사용합니다.

단어 정리

支える 지탱하다, 받치다 | **良い** 좋다 | **もの** 것

DAY 063
시간이 걸려도
한 걸음씩, 천천히

✍ 오늘의 문장

長い階段は、一気に上がろうとすると、
途中でへばってしまう。
でも一段ずつ確実に上がっていけば、
時間はかかっても、やがてはちゃんと頂上まで
上がることができる。

긴 계단은, 단숨에 오르려고 하면,
도중에 지쳐 버린다.
하지만 한 계단씩 확실하게 올라가면,
시간은 걸려도, 머지않아 분명히 정상까지
오를 수 있다.

🐚 출처

이 명언은 2000년 시드니 올림픽 여자 마라톤 금메달리스트 다카하시
나오코(高橋尚子)가 후배에게 건넨 말이에요.
'하루 10cm씩이라도 계속 올라가면 언젠가 정상에 닿을 수 있다'는 그녀의
철학은 긴 마라톤 같은 인생에서, 조급함이 아니라 성실함과 꾸준함이 결국
우리를 가장 멀리 데려다준다는 사실을 조용히 일깨워 줍니다.

☕ 와카메 센세의 토닥토닥

빠르게 가지 않아도 괜찮아요.
지금 이 순간, 한 발을 내디딘 여러분은 분명 앞으로 나아가고 있어요.
조금씩, 그러나 확실하게 ― 그게 결국 가장 멀리 가는 길이니까요.

<ruby>長<rt>なが</rt></ruby>い<ruby>階段<rt>かいだん</rt></ruby>は、<ruby>一<rt>いっ</rt></ruby><ruby>気<rt>き</rt></ruby>に<ruby>上<rt>あ</rt></ruby>がろうとすると、

<ruby>途中<rt>とちゅう</rt></ruby>でへばってしまう。

でも<ruby>一段<rt>いちだん</rt></ruby>ずつ<ruby>確実<rt>かくじつ</rt></ruby>に<ruby>上<rt>あ</rt></ruby>がっていけば、

<ruby>時間<rt>じかん</rt></ruby>はかかっても、やがてはちゃんと<ruby>頂上<rt>ちょうじょう</rt></ruby>まで

<ruby>上<rt>あ</rt></ruby>がることができる。

表현 해설

- 「~(よ)うとする」는 '~하려고 하다'라는 뜻으로 어떤 행동을 시작하려는 의지나 시도를 나타내는 표현입니다.
- 「~てしまう」는 '~해 버리다'라는 뜻으로 행동이 완료되었음을 나타내거나 의도와 달리 일어난 일에 대한 아쉬움이나 안타까움을 표현할 때 사용합니다.
- 「やがては」는 「やがて」에 힘을 준 표현으로 '머지않아, 이윽고'라는 뜻입니다. 곧 어떤 일이 일어날 것임을 나타낼 때 쓸 수 있는 표현입니다.

단어 정리

<ruby>階段<rt>かいだん</rt></ruby> 계단 | <ruby>一気<rt>いっき</rt></ruby>に 단숨에, 한 번에 | <ruby>上<rt>あ</rt></ruby>がる 오르다 | へばる 지치다, 기진맥진하다 |
<ruby>一段<rt>いちだん</rt></ruby> 한 계단, 한 층 | ～ずつ ～씩 | かかる 걸리다

DAY 064

괜찮지 않은 날도 지나가

✍ 오늘의 문장

大丈夫、大丈夫、いつかはここを抜ける日がやってくる。

悲しみは通り過ぎる雲のように、

いつの日か晴れるから。

その日まで、あなたのリズムでゆっくり歩いていこう。

괜찮아, 괜찮아, 언젠가는 이곳을 벗어날 날이 다가올 거야.
슬픔은 지나가는 구름처럼,
언젠가는 갤 거니까.
그날까지, 당신의 리듬으로 천천히 걸어가자.

🐚 출처

이 명언은 요시모토 바나나(吉本ばなな)의 소설 『ムーンライト・シャドウ
문라이트 새도우』와 공식 인터뷰에서 반복적으로 인용되는 구절이에요.
일본 문학계의 대표적인 위로의 문장으로 꼽히며, 슬픔을 겪은 독자들에게
따뜻한 위안과 희망을 전하는 문장으로 오랫동안 사랑받고 있어요.

☕ 와카메 센세의 토닥토닥

슬픔이 유난히 길게 느껴질 때도 있어요.
하지만 구름 뒤에 늘 햇살이 있듯, 괜찮지 않은 날도 결국은 지나간답니다.
오늘은 그냥 숨을 고르듯 천천히 걸어도 괜찮아요. 여러분만의 리듬으로요.

大丈夫、大丈夫、いつかはここを抜ける日がやってくる。

悲しみは通り過ぎる雲のように、

いつの日か晴れるから。

その日まで、あなたのリズムでゆっくり歩いていこう。

표현 해설

- 「명사+の+ように」는 '~처럼'이라는 뜻으로 사물이나 상태를 다른 것에 비유하거나 어떤 상황을 구체적인 예를 들어 설명할 때 자주 사용합니다.
- 「~から」는 '~니까, ~이기 때문에'라는 뜻으로 이유나 원인을 나타낼 때 사용하는 표현입니다.
- 「~ていこう」는 「~ていく」의 의지형으로 '~해 가자, ~하며 가자'라는 뜻으로 어떤 동작이나 상태를 계속 지속해 나가겠다는 의지를 표현할 때 사용합니다.

단어 정리

抜ける 벗어나다, 빠지다 | **悲しみ** 슬픔 | **通り過ぎる** 지나가다 | **いつの日か** 언젠가, 어느 날엔가 | **晴れる** 개다, 맑아지다

배움은 언제나 나를 살린다

📝 오늘의 문장

自分が分かっていないことがわかるということが、
一番賢いんです。知るということは、
そういうふうに自分を見つめ直すということなんです。
学ぶことで、世界と自分との関係が
少しずつ変わっていくんです。

자신이 알고 있지 않은 것을 안다는 것이,
가장 현명한 것이에요. '안다'는 것은,
그렇게 자신을 되돌아본다는 것이에요.
배움으로써, 세상과 자신과의 관계가
조금씩 바뀌어 가는 거예요.

🐚 출처

이 문장은 철학자 와시다 키요카즈(鷲田清一)가 여러 강연과 에세이에서
반복적으로 전해 온 사유 중심의 교육 철학에서 인용한 실제 발언이에요.
그는 '알게 된다는 것은, 나 자신을 새롭게 바라보는 과정이다'라며,
'무지의 자각'이야말로 진정한 학문의 출발점이라는 사고를 강조합니다.

☕ 와카메 센세의 토닥토닥

배움은 나 자신을 들여다 보고, 모르는 나를 인정하며
세상을 조금 더 다정하게 마주하는 일이에요.
그렇게 배움은 언제나 우리를 살리고, 조금씩 단단하게 만들어 주죠.

自分が分かっていないことがわかるということが、

一番賢いんです。知るということは、

そういうふうに自分を見つめ直すということなんです。

学ぶことで、世界と自分との関係が

少しずつ変わっていくんです。

- 「~んです」는 '~인 것입니다'라는 뜻으로 말하는 사람의 설명·감정·이유 등을 부드럽고 정중하게 전달할 때 사용하며, 따뜻한 어조를 만들어 줍니다.
- 「~ことで」는 '~함으로써, ~을/를 통해서'라는 뜻으로 앞에 오는 행위가 뒤 문장에 제시되는 결과의 원인이나 계기가 될 때 사용합니다.

단어 정리

知る 알다, 인지하다 | そういうふうに 그렇게, 그런 식으로 | 見つめ直す 되돌아보다, 다시 바라보다 |
学ぶ 배우다

꾸준함이라는 재능

📝 오늘의 문장

才能とは何かと問われれば、
「続けることだ」と私は答えます。
続けることなど誰にでもできると思うでしょうが、
実はこれが最も難しいのです。

재능이란 무엇이냐고 질문받으면,
'계속하는 것이다'라고 저는 대답합니다.
계속하는 것 따위 누구나 할 수 있다고 생각하겠지만,
실은 이것이 가장 어려운 것입니다.

🏐 출처

이 명언은 일본의 전설적인 장기 기사 하부 요시하루(羽生善治)가
직접 남긴 공식 발언이에요. 그는 NHK 인터뷰와 저서 『名人に学ぶ考える力
명인에게 배우는 생각하는 힘』, 『決断力 결단력』 등에서 '계속하는 것이야
말로 재능이다'라는 철학을 일관되게 전하며, 한계를 넘어 성장하기 위해
서는 익숙하지 않더라도 꾸준히 노력하는 태도가 중요함을 강조했어요.

☕ 와카메 센세의 토닥토닥

특별한 비결을 찾기보다, 오늘 하루를 묵묵히 이어가는
당신의 꾸준함에 집중해 보세요.
멈추지 않고 나아가는 발걸음이야말로 여러분만의 진짜 재능이에요.

才能とは何かと問われれば、

「続けることだ」と私は答えます。

続けることなど誰にでもできると思うでしょうが、

実はこれが最も難しいのです。

- 「~とは~だ」는 '~란 ~이다'라는 정의 표현으로 주로 어떤 개념이나 명사에 대해 설명하거나 자신의 의견을 말할 때 사용합니다.
- 「~と思うでしょうが」는 '~라고 생각하겠지만'이라는 뜻으로 상대가 그렇게 생각할 것임을 미리 짐작하며 말할 때 쓰는 표현입니다.
- 「~のです」는 '~인 것입니다'라는 뜻으로 이유·설명·강조를 나타낼 때 쓰며 회화체에서는 「~んです」형태로 많이 사용합니다.

단어 정리

才能 재능 | 問われる 질문받다, 묻게 되다 | 答える 대답하다, 응답하다 | など 따위, 등 |
誰にでも 누구나, 누구에게나 | 最も 가장

흔들리며 단단해지는 중

✍ 오늘의 문장

揺れながら立っていること。
それが倒れない強さだと、
わたしは思う。

흔들리면서 서 있는 것.
그것이 쓰러지지 않는 강인함이라고,
나는 생각한다.

출처

일본 시인 요시노 히로시(吉野弘)의 시집 『風の標 바람의 이정표』에 실린 구절로, 흔들림 속에서도 견디며 서 있으려는 태도가 결국 인간을 강하게 만든다는 메시지를 담고 있어요.

☕ 와카메 센세의 토닥토닥

흔들리는 건 괜찮아요. 흔들리면서도 쓰러지지 않고 서 있는 그 모습 자체가 지금 여러분이 점점 단단해지고 있다는 증거예요. 오늘도 묵묵히 버티고 있는 그 마음을 누구보다 응원할게요.

揺れながら立っていること。

それが倒れない強さだと、

わたしは思う。

📝 표현 해설

- 「~と思う」는 '~라고 생각한다'라는 뜻으로 말하는 사람의 생각이나 판단을 전달할 때 사용하는 표현입니다. 원문에서는 「と」와 「思う」 사이에 「わたしは」를 제시해 '나'를 강조 했습니다.

📝 단어 정리

立つ 서다 | 倒れる 쓰러지다 | 強さ 강인함, 강함

넘어지며 강해진다

✏️ 오늘의 문장

勝ち続けることで
成長したんじゃなく、
負けて強くなってきたんです。

계속 이기는 것으로
성장한 것이 아니라,
져서 강해지게 된 것이에요.

🐚 출처

이 명언은 일본 여자 레슬링의 전설, 요시다 사오리(吉田 沙保里)가
한 말이에요. 그녀는 세 차례의 올림픽에서 연속으로 금메달을 획득한
위업을 달성했는데, 그런 그녀가 패배를 통해 성장할 수 있었다고 말하는 점은
지더라도 포기하지 않고 그 경험에서 새로운 배움을 얻어 또다시 성장하는
것의 중요성을 일깨워 줍니다.

☕ 와카메 센세의 토닥토닥

넘어지는 걸 두려워하지 마세요.
그 아픔이 쌓여 누구도 흔들 수 없는 단단한 여러분을 만들 테니까요.
여러분은 지금, 지고 있는 게 아니라 강해지는 중이에요.

<ruby>勝<rt>か</rt></ruby>ち<ruby>続<rt>つづ</rt></ruby>けることで

<ruby>成長<rt>せいちょう</rt></ruby>したんじゃなく、

<ruby>負<rt>ま</rt></ruby>けて<ruby>強<rt>つよ</rt></ruby>くなってきたんです。

표현 해설

- 「동사 ます형+<ruby>続<rt>つづ</rt></ruby>ける」는 '계속 ~하다'라는 뜻으로 동일한 행동이나 상태가 중단되지 않고 계속 이어지는 것을 나타낼 때 쓰는 표현입니다.
- 「~なってくる」는 '~해지게 되다, ~되어 오다'라는 뜻으로 어떤 변화가 서서히 진행되고 있음을 강조할 때 쓰는 표현입니다.

단어 정리

<ruby>勝<rt>か</rt></ruby>つ 이기다 | <ruby>成長<rt>せいちょう</rt></ruby>する 성장하다 | <ruby>負<rt>ま</rt></ruby>ける 지다

어제의 나는 오늘의 발판

✍ 오늘의 문장

過去の僕がいたから、

今の僕がいる。

全部、無駄じゃなかった。

과거의 내가 있었기 때문에,

지금의 내가 있어.

모두, 헛되지 않았다.

🐚 출처

애니메이션 영화 『聲の形 목소리의 형태』의 주인공 이시다 쇼야의 성장 서사와 작품의 핵심 메시지에서 영감을 받은 문장입니다. 과거의 모든 경험이 지금의 나를 만들었으며, 그 모든 순간이 결코 헛되지 않았다는 깊은 울림을 전해 줍니다.

☕ 와카메 센세의 토닥토닥

어제의 내가 서투르고 부족했어도 괜찮아요.

그 시간들이 있었기에

지금의 내가 만들어진 거니까요.

과거를 부끄러워하지 말고, '오늘'의 발판으로 삼아 꼭 한 걸음 더 나아가 보길

응원할게요.

<ruby>過去<rt>かこ</rt></ruby>の<ruby>僕<rt>ぼく</rt></ruby>がいたから、
<ruby>今<rt>いま</rt></ruby>の<ruby>僕<rt>ぼく</rt></ruby>がいる。
<ruby>全部<rt>ぜんぶ</rt></ruby>、<ruby>無駄<rt>むだ</rt></ruby>じゃなかった。

📝 표현 해설

- 「~たから」는 동사 과거형 뒤에 「から」가 붙은 형태로 '~했기 때문에'라는 뜻을 나타냅니다. 앞의 사건이나 행동이 원인이 되어 뒤의 결과가 생겼음을 나타낼 때 사용하는 이유 표현입니다.
- 「~じゃなかった」는 「~ではなかった」의 회화체로 '~이/가 아니었다'라는 뜻을 나타내며, 과거의 사실을 부드럽게 부정할 때 사용합니다.

📝 단어 정리

<ruby>過去<rt>かこ</rt></ruby> 과거 | <ruby>今<rt>いま</rt></ruby> 지금 | <ruby>無駄<rt>むだ</rt></ruby>だ 헛되다, 쓸데없다

나는 오늘도 자라고 있어

✎ 오늘의 문장

今（いまおも）思うのは、

小（ちい）さいことを重（かさ）ねることが、

とんでもないところに行（い）く

ただ一（ひと）つの道（みち）だと感（かん）じている。

지금 생각하는 것은,
작은 것을 거듭하는 것이,
엄청난 곳으로 가는
단 하나의 길이라고 여기고 있다.

출처

일본 프로야구 선수 스즈키 이치로(鈴木一朗)가 2004년 메이저리그 단일
시즌 최다 안타 262개라는 신기록을 세운 뒤 기자 회견에서 남긴 말이에요.
'작은 것을 거듭하는 것이야말로 큰 성취로 이어진다'는 메시지를 통해,
매일 조금씩 성장하는 삶의 힘을 따뜻하게 전해 줍니다.

☕ 와카메 센세의 토닥토닥

성장이라는 건 거창한 게 아니에요. 매일 작은 걸음을 반복하다 보면
어느새 상상조차 못했던 곳에 도달해 있는 자신을 발견하게 돼요.
오늘도 한 뼘씩 자라나는 여러분을 진심으로 응원합니다.

今思うのは、

小さいことを重ねることが、

とんでもないところに行く

ただ一つの道だと感じている。

표현 해설

- 「~と感じている」는 '~라고 여기고 있다, ~라고 느끼고 있다'라는 뜻으로 현재 시점에서 느끼고 있는 솔직한 감정이나 생각을 표현할 때 사용합니다.

단어 정리

重ねる 거듭하다, 포개다 | とんでもない 엄청나다, 터무니없다 | ただ一つ 단 하나, 오직 하나 | 感じる 여기다, 느끼다

PART 8

시간

흘러가는 순간을 사랑하는 법

기다림, 흐름, 순간의 가치

스스로 일어서야 하는 용기

📝 오늘의 문장

君が足を止めてうずくまっても、
時間の流れは止まってくれない。
ともに寄り添って悲しんではくれない。

네가 발걸음을 멈추고 웅크려도,
시간의 흐름은 멈추어 주지 않아.
함께 바싹 붙어서 슬퍼해 주지는 않아.

🐚 출처

이 문장은 애니메이션 영화 『劇場版「鬼滅の刃」無限列車編 극장판 귀멸의
칼날 무한열차편』에서 렌고쿠 쿄쥬로가 남긴 대사 중 하나예요.
그는 역경 속에서도 흔들리지 않고, 냉혹한 현실을 마주하며 강하게
살아가는 자세를 보여 줍니다.
이 대사는 시간은 누구도 기다려 주지 않으므로 결국 스스로 일어서야 한다는
용기의 중요성을 전하며 많은 사람들의 마음을 울렸습니다.

☕ 와카메 센세의 토닥토닥

멈춰 서도 괜찮아요. 시간은 언제나 흐르고 있으니까요.
잠시 주저앉아도 괜찮으니, 다시 조금씩 일어나 걸으면 돼요.
여러분의 속도는 오직 여러분만의 것이니까요.

君が足を止めてうずくまっても、
時間の流れは止まってくれない。
ともに寄り添って悲しんではくれない。

- 「~てくれない」는 '~해 주지 않는다'라는 뜻으로 상대방이 나를 위해 어떤 행동을 해 주지 않을 때 사용하는 표현입니다.

단어 정리

君 너, 그대 | 足を止める 발걸음을 멈추다 | うずくまる 웅크리다 | 流れ 흐름 | ともに 함께, 같이 | 寄り添う 바싹 (달라)붙다, 다가붙다 | 悲しむ 슬퍼하다

그래도, 우리는 견디며 살아가

✎ 오늘의 문장

どんなに雨に濡れても、僕たちは生きてる。
どんなに世界が変わっても、僕たちは生きていく。
きっと、大丈夫だ。

아무리 비에 젖어도, 우리는 살아 있어.
아무리 세상이 변해도, 우리는 살아갈 거야.
분명, 괜찮을 거야.

🐭 출처

이 대사는 신카이 마코토 감독의 애니메이션 영화 『天気の子 날씨의 아이』
에서 주인공 호다카의 말을 바탕으로 정리한 표현이에요.
비가 그치지 않는 세상 속에서 사랑과 선택, 그리고 살아가는 이유를 묻는
이 작품은 '무슨 일이 있어도 삶은 계속된다'는 희망의 메시지를 전하며 많은
관객에게 깊은 울림을 주었어요.

☕ 와카메 센세의 토닥토닥

흠뻑 젖는 날이 있어도 괜찮아요.
우리는 그 안에서도 멈추지 않고 묵묵히 살아가고 있으니까요.
'분명 괜찮을 거야'라는 말처럼, 여러분의 오늘도 그렇게 괜찮아질 거예요.

どんなに雨に濡れても、僕たちは生きてる。

どんなに世界が変わっても、僕たちは生きていく。

きっと、大丈夫だ。

- 「~ていく」는 '~해 가다'라는 뜻으로 지금부터 앞으로의 방향이나 지속을 나타낼 때 사용하는 표현입니다.

どんなに 아무리 | 濡れる 젖다 | 僕たち 우리

DAY 073

웃음이 주는 힘

📝 오늘의 문장

みんな、笑（わら）おう。

そうすれば、
怖（こわ）いことは全部（ぜんぶ）なくなるから。

모두, 웃자.
그렇게 하면,
무서운 것은 전부 없어질 거니까.

🦴 출처

이 문장은 스튜디오 지브리의 애니메이션 영화『となりのトトロ 이웃집 토토로』
에서 아버지가 아이들을 위로하며 건넨 따뜻한 말이에요.
불안하고 무서울 때조차 "웃자"고 말하는 이 장면은 웃음이 가져다주는
용기와 회복의 힘을 보여 주며 많은 사람들에게 감동을 준 명장면 중 하나로
꼽혀요.

☕ 와카메 센세의 토닥토닥

흐린 밤일수록, 작은 웃음 하나가 불안과 두려움을 잊게 도와줘요.
순간순간 흐르는 시간 속에도, 여러분의 따스한 웃음이 그 자리를
고요함과 평화로 채워줄 거예요.

みんな、笑<ruby>わ</ruby>おう。

そうすれば、

怖<ruby>こわ</ruby>いことは全部<ruby>ぜんぶ</ruby>なくなるから。

표현 해설

- 「笑おう」에서 「~おう」는 동사의 의지형으로 '~하자'라는 뜻입니다.
- 「そうすれば」는 '그렇게 하면, 그러면'이라는 조건 연결 표현으로 앞 문장의 내용에 따른 결과를 이어줄 때 사용하는 표현입니다.

단어 정리

みんな 모두 | **なくなる** 없어지다, 사라지다

흐름에 몸을 맡겨 볼래

📝 오늘의 문장

心配（しんぱい）しないで！ ついていけなくても、

時（とき）は勝手（かって）に流（なが）れていきます。

今（いま）やるべきことをやればいいのです。

걱정하지 마! 따라갈 수 없어도,
시간은 제멋대로 흘러가요.
지금 해야 할 것을 하면 되는 거예요.

🐚 출처

이 문장은 애니메이션 영화 『クレヨンしんちゃん 雲黒斎の野望 짱구는 못말려:
흑부리 마왕의 야망』에서 린이라는 캐릭터가 짱구에게 건네는 대사예요.
어린이들에게 복잡한 세상을 미리 걱정하기보다는,
'흐름에 몸을 맡기고 지금 할 일을 하면 된다'는 따뜻한 메시지를 전해 줍니다.

☕ 와카메 센세의 토닥토닥

때로는 중심을 잃어도 괜찮아요. 시간은 늘 우리 편이니까요.
지금 당장 잘 되지 않더라도, 하루하루 할 수 있는 일을 해 나가다 보면
언젠가는 여러분도 흐름 위에 서 있을 거예요.

しんぱい
心配しないで！ ついていけなくても、

とき　　かって　　なが
時は勝手に流れていきます。

いま
今やるべきことをやればいいのです。

- 「~べき＋명사」는 '~해야 할＋명사'라는 뜻으로 어떤 행동이 당연히 이루어져야 함을 나타내는 당위 표현입니다. 즉, 마땅히 해야 하는 일이나 바람직한 행동을 말할 때 사용합니다.

📒 단어 정리

ついていく 따라가다 ｜ 時 시간, 때 ｜ 勝手に 제멋대로, 마음대로 ｜ 流れる 흐르다

지금 이 순간이 전부야

✍ 오늘의 문장

明日が来ることは、奇跡だと思う。
だから、今日という日を大切に生きたい。
今、こうして生きているだけでありがたい。

내일이 온다는 것은, 기적이라고 생각해.
그래서, 오늘이라는 날을 소중하게 살고 싶어.
지금, 이렇게 살아 있는 것만으로 감사해.

🐚 출처

이 대사는 드라마 『1リットルの涙 1리터의 눈물』 제10화에서 주인공 아야가 남긴 말이에요. 점점 몸이 움직이지 않게 되는 병 속에서도 하루하루를 온 마음을 다해 살아가려는 그녀의 강인함과 따뜻함이 그대로 전해지는 장면이죠. 이 작품은 실제 인물 키토 아야의 일기를 바탕으로 만들어졌으며, 생의 마지막까지 '지금'의 가치를 일깨워 줍니다.

☕ 와카메 센세의 토닥토닥

내일을 걱정하기보다는, 지금 살아 있는 오늘에 집중해도 괜찮아요.
여러분이 숨 쉬고 있는 이 순간은, 그 자체로 충분히 소중하니까요.

明日が来ることは、奇跡だと思う。

だから、今日という日を大切に生きたい。

今、こうして生きているだけでありがたい。

표현 해설

- 「~という」는 '~라는, ~라고 하는'이라는 뜻으로 앞에 나온 내용이 뒤에 오는 명사를 꾸미며 설명할 때 사용합니다.
- 「~だけで」는 '~만으로(도)'라는 뜻으로 무언가가 충분하거나 만족감, 감사함을 표현할 때 자주 쓰는 표현입니다.

단어 정리

奇跡 기적 | ありがたい 감사하다, 고맙다

조급함은 내려놓기

오늘의 문장

事を成す人は必ず時の来るのを待つ。

焦らずあわてず、

静かに時の来るのを待つ。

일을 이루는 사람은 반드시 때가 오는 것을 기다린다.
조급해하지 않고 허둥대지 않고,
조용히 때가 오는 것을 기다린다.

출처

이 문장은 일본 전자 회사 파나소닉의 창립자이자 경영 철학자로 널리 알려진 마쓰시타 고노스케(松下幸之助)의 저서와 강연 중 반복적으로 인용되는 발언이에요.
그는 '경영의 신'이라 불릴 만큼 깊은 통찰과 철학을 남겼으며, 특히 '때를 기다릴 줄 아는 사람'이라는 메시지를 통해 인내의 중요성을 전했습니다.

와카메 센세의 토닥토닥

세상은 언제나 우리의 마음처럼 빠르게 움직여 주지 않을 때가 있어요.
조금 느리다고 느껴지는 순간들이 오히려 마음 속 평온을 키우는 시간이 될 수 있어요.
지금은 서두르기보다 '기다림' 속에서 묵묵히 준비하는 시간이에요.

事を成す人は必ず時の来るのを待つ。

焦らずあわてず、

静かに時の来るのを待つ。

- 「~ず」는 문장체나 격식을 갖춘 표현으로 「~ないで」와 같은 부정 표현입니다. '~하지 않고'라는 뜻을 나타내며, 여기에서는 「焦らずあわてず」처럼 부정 표현을 반복함으로써 침착함과 인내를 강조하는 말로 사용되었습니다.
- 「時の来るのを待つ」는 '때가 오는 것을 기다리다'라는 뜻으로 「時が来る」가 뒤의 の를 수식하면서 명사구를 이루고 있습니다. 여기에서 원래 '이/가'에 해당하는 조사는 「が」이지만, 명사구가 되면 「の」로 바꿔 쓸 수 있습니다.

단어 정리

事を成す 일을 이루다 | あわてる 허둥대다, 당황하다 | 静かに 조용히

시간은 나를 어루만진다

✍ 오늘의 문장

どんな悲しみや苦しみも必ず歳月が癒してくれます。

そのことを京都では「日にち薬」と呼びます。

時間こそが心の傷の妙薬なのです。

어떤 슬픔이나 괴로움도 반드시 세월이 치유해 줍니다.
그것을 교토에서는 '날이 약이 된다'라고 부릅니다.
시간이야말로 마음의 상처의 묘약인 것입니다.

🐾 출처

일본 작가이자 승려인 세토우치 자쿠초(瀬戸内寂聴)의 말로, 세월이 모든
슬픔과 괴로움을 치유한다는 『日にち薬 히니치구스리(날이 약이 된다)』의
개념을 통해 시간이 마음의 상처를 다정하게 어루만지는 모습을 표현하고
있어요.

☕ 와카메 센세의 토닥토닥

시간은 언제나 조용히 흐르지만,
그 안에는 상처를 다정하게 어루만지는 힘이 숨어 있어요.
오늘의 아픔도 언젠가는 따뜻한 기억으로 남게 될 거예요.

どんな悲しみや苦しみも必ず歳月が癒してくれます。

そのことを京都では「日にち薬」と呼びます。

時間こそが心の傷の妙薬なのです。

- 「~てくれる」는 '(누군가가) ~해 주다'라는 뜻으로 이 문장에서는 '세월이 치유해 준다'라는 의미로 쓰였으며, '세월'이라는 대상을 의인화하여 따뜻하고 위로하는 뉘앙스를 더해 줍니다.
- 「~こそ」는 '(바로) ~야말로'라는 뜻으로 특정 대상이나 상황을 특별히 강조할 때 사용하는 표현입니다.
- 「명사＋な＋のです」는 '~인 것입니다, ~인 거예요, ~이지요'라는 뜻으로 내용을 설명하듯 부드럽게 전달하면서 동시에 강조나 확신의 느낌을 덧붙일 때 사용되는 표현입니다.

단어 정리

日にち薬 시간이 지나면 나아진다는 뜻의 교토식 표현 | **呼ぶ** 부르다 | **妙薬** 묘약, 신비한 약

기억보다 소중한 지금

✏️ 오늘의 문장

私（わたし）ね、

今（いま）を生（い）きるって決（き）めたの。

後悔（こうかい）したくないから、今（いま）をちゃんと生（い）きていく。

나 말이야,

지금을 살겠다고 결심했어.

후회하고 싶지 않으니까, 지금을 제대로 살아갈 거야.

📖 출처

애니메이션 영화 『時をかける少女 시간을 달리는 소녀』에서 주인공 마코토가
시간 여행을 마친 뒤 자신의 삶의 방향을 정하며 말하는 대사예요.
반복되는 시간 속을 살아온 그녀가 마침내 '지금'을 선택하며 진심을
드러내는 장면으로, 많은 이들에게 깊은 여운을 남겼습니다.

☕ 와카메 센세의 토닥토닥

기억은 소중하지만, 지금 이 순간을 놓치지 마세요.
지금의 내가 웃고 있다면, 그게 가장 아름다운 추억이 될 거예요.

私ね、

今を生きるって決めたの。

後悔したくないから、今をちゃんと生きていく。

- 「~って決めたの」는 '~하겠다고 결심했어'라는 뜻으로 인용 조사 「って」와 결심을 나타내는 「決めた」, 설명 어미 「の」가 결합된 표현입니다. 회화체에서 주로 사용되며, 감정이 담긴 결심이나 다짐을 부드럽게 전달할 때 사용합니다.
- 「~たくないから」는 '~하고 싶지 않으니까'라는 뜻으로 주로 자신의 감정이나 의지에 따른 이유를 설명할 때 쓰는 회화체 표현입니다.

단어 정리

後悔 후회 | ちゃんと 제대로

멈춘 듯해도,
시간은 나를 데려가

✎ 오늘의 문장

きっと針は動き出す。

時間は動き出す。

前に進むと信じてる。

분명 시곗바늘은 움직이기 시작할 거야.
시간은 움직이기 시작할 거야.
앞으로 나아갈 거라고 믿고 있어.

출처

애니메이션 영화 『四月は君の嘘 4월은 너의 거짓말』에서 바이올리니스트 카오리가 삶의 끝자락에서도 다시 앞으로 나아가려는 희망을 전하는 대사예요. 멈춰 있던 시간이 다시 흐르기 시작하는 순간을 상징적으로 보여 줍니다.

와카메 센세의 토닥토닥

겉으론 멈춘 듯 보여도, 우리 안의 시계는 다시 '째깍'하고 움직이기 시작해요. 작은 믿음 한 조각이 시간을 앞으로 이끌어 줍니다.

きっと針は動き出す。

時間は動き出す。

前に進むと信じてる。

- 「동사 ます형+出す」는 '~하기 시작하다'라는 뜻으로 새로운 움직임이나 변화가 시작됨을 나타내는 표현입니다.
- 「~と信じてる」는 '~라고 믿고 있다'라는 뜻으로 「~ている」에서 「い」가 생략된 회화체 표현이며, 말하는 사람의 확신이나 희망을 부드럽게 전달할 때 사용합니다.

단어 정리

針 (시곗)바늘 | 動き出す 움직이기 시작하다, 다시 움직이다

흘러간다고
사라지는 건 아니야

✍ 오늘의 문장

ずっと昔から知っていたような、

そんな気がした。

どんなに離れても、君を忘れないと思った。

훨씬 예전부터 알고 있었던 것 같은,

그런 느낌이 들었어.

아무리 멀어져도, 너를 잊지 않을 거라고 생각했어.

✎ 출처

애니메이션 영화 『秒速5センチメートル 초속 5센티미터』에서 주인공 타카키가
시간과 거리 속에서도 변하지 않는 마음을 회상하는 장면의 대사예요.
흘러가도 사라지지 않는 기억과 감정을 상징적으로 보여 줍니다.

☕ 와카메 센세의 토닥토닥

흘러간다고 해서 모든 것이 사라지는 것은 아니에요.
마음에 남은 따뜻한 감정들은 시간을 건너,
여전히 여러분 안에서 빛나고 있을 거예요.

 ずっと昔から知っていたような、

そんな気がした。

どんなに離れても、君を忘れないと思った。

표현 해설

- 「~ような」는 '~같은, ~처럼'이라는 비유적 표현으로 사물이나 상황에 대한 느낌이나 인상을 나타낼 때 사용합니다.
- 「どんなに~ても」는 '아무리 ~해도'라는 뜻으로 어떤 조건이나 상황에서도 아무런 영향이 없음을 나타낼 때 사용합니다.
- 「~と思った」는 '~라고 생각했다'라는 뜻으로 말하는 사람의 내면적인 판단이나 감정을 전달할 때 쓰는 표현입니다.

단어 정리

昔 예전, 옛날 | 気がする 느낌이 들다, 기분이 들다

PART 9

희망 ✨

다시 웃는 날까지

빛, 미래, 다시 일어섬

나, 괜찮은 사람이야

✍ 오늘의 문장

おれ しん まえ
俺が信じるお前でもない。

まえ しん おれ
お前が信じる俺でもない。

まえ しん まえ しん
お前が信じる、お前を信じろ！

내가 믿는 너도 아니야.

네가 믿는 나도 아니야.

네가 믿는, 너를 믿어!

🎾 출처

이 대사는 TV 애니메이션 『天元突破グレンラガン 천원돌파 그렌라간』 제1화에서, 형처럼 따르는 존재인 카미나가 소심한 시몬에게 건네는 강렬한 격려의 말이에요.

'내가 믿는 네가 아닌, 네가 믿는 너를 믿어'라는 말은 타인의 기대가 아닌, 스스로에 대한 믿음을 가지라는 명확하고 뜨거운 메시지를 전하며 많은 팬들에게 자기 확신의 상징적인 대사로 남아 있습니다.

☕ 와카메 센세의 토닥토닥

누구도 여러분을 대신해 믿어 줄 수 없어요.

'나 자신을 믿는 마음'이야말로 가장 큰 용기입니다.

그리고 이렇게 말해 보세요. '그래, 나 괜찮은 사람이야.'

俺(おれ)が信(しん)じるお前(まえ)でもない。

お前(まえ)が信(しん)じる俺(おれ)でもない。

お前(まえ)が信(しん)じる、お前(まえ)を信(しん)じろ！

- 「~でもない」는 '~도 아니다'라는 뜻으로 앞에서 언급한 내용을 부정하며 의미를 강조할 때 사용하는 표현입니다.
- 「信(しん)じろ」는 「信(しん)じる」의 명령형으로 상대에게 강하게 믿으라고 촉구할 때 사용하는 표현입니다.

단어 정리

俺(おれ) 내[남성이 친한 사이에서 쓰는 격식 없는 표현] | お前(まえ) 너[남성이 친한 사이에서 쓰는 격식 없는 표현]

내일은 더 반짝일 거야

🖎 오늘의 문장

今日だめだったら
希望をもって明日にかけましょう。
明日とは、明るい日と書きます。

오늘 안 된다면
희망을 가지고 내일에 걸읍시다.
'내일(明日)'이란, 밝은(明るい) 날(日)이라고 씁니다.

🐚 출처

화술과 자기 계발 분야에서 활동한 일본의 교육자 나가사키 카즈노리
(永崎一則)의 발언으로, 오늘의 실패에 머무르지 말고 '내일'이라는 밝은
가능성을 향해 나아가자는 메시지를 담고 있어요.

☕ 와카메 센세의 토닥토닥

오늘 마음이 조금 흐려졌더라도 괜찮아요. '내일'은 원래 밝은 날이니까요.
여러분의 내일은 오늘보다 분명 더 반짝일 거예요.

今日（きょう）だめだったら

希望（きぼう）をもって明日（あした）にかけましょう。

明日（あした）とは、明（あか）るい日（ひ）と書（か）きます。

- 「~ましょう」는 '~합시다'라는 뜻으로 상대에게 부드럽게 권유하거나 제안할 때 사용하는 표현입니다.
- 「~とは~と書きます」는 '~란 ~라고 씁니다'라는 뜻으로 단어의 의미나 어원을 설명할 때 사용하는 표현입니다.

단어 정리

だめだ 안 된다, 소용없다 | かける 걸다, 기대하다 | 日（ひ） 날, 해

웃을 수 있는 날이 와

✍ 오늘의 문장

辛かったら笑うんだよ。
無理してでも笑っているうちに、
いつかきっと心の底から笑える日がくる。

괴롭다면 웃는 거야.
무리해서라도 웃고 있는 사이에,
언젠가 반드시 마음 깊은 곳에서 웃을 수 있는 날이 와.

🔖 출처

일본의 인기 드라마 『GTOリバイバル GTO 리바이벌』의 주인공 오니즈카 에이키치가 건네는 위로의 말로, 힘든 지금 이 순간을 지나면 언젠가 진심으로 웃게 될 날이 반드시 온다는 희망을 전하는 대사예요.

☕ 와카메 센세의 토닥토닥

지금은 힘들어서 억지로 웃어야 하는 날일지라도 괜찮아요.
그 웃음이 하나둘 쌓이다 보면,
언젠가는 마음 깊은 곳에서 진심으로 웃게 되는 날이 찾아올 거예요.

辛かったら笑うんだよ。

無理してでも笑っているうちに、

いつかきっと心の底から笑える日がくる。

표현 해설

- 「~てでも」는 '~해서라도, ~하더라도'라는 뜻으로 어려운 상황 속에서도 반드시 어떤 일을 하겠다는 강한 의지나 결심을 나타냅니다.
- 「~ているうちに」는 '~하고 있는 사이에, ~하는 동안에'라는 뜻으로 어떤 행동이나 상태가 계속되는 동안 자연스럽게 변화나 새로운 일이 일어날 때 쓰는 표현입니다.
- 「いつかきっと」는 '언젠가 반드시'라는 뜻의 부사로 미래에 대한 강한 확신이나 기대를 담을 때 쓰는 표현입니다.

단어 정리

辛い 괴롭다, 힘들다 | 無理する 무리하다, 억지로 하다 | 心の底 마음 깊은 곳, 진심

내 마음에도 꽃이 피어

✎ 오늘의 문장

ところで平凡な俺よ

下を向いている暇はあるのか。

回り道には回り道にしか咲いてない花があんだからさ。

그런데 말이지, 평범한 나여
고개를 숙이고 있을 틈은 있는가?
돌아서 가는 길에는 돌아서 가는 길에 밖에 펴 있지 않은 꽃이 있으니까 말이야.

출처

TV 애니메이션『ハイキュー!! 하이큐!!』제1화와 제17화에 나오는 대사예요.
「ところで平凡な俺よ~」는 제1화에서 타나카 류노스케가 첫 시합 패배 후,
평범한 자신을 채찍질하며 스스로를 다잡는 결의의 말입니다.
「回り道には~」는 제17화에서 타케다 코치가 목표에 바로 도달하지 못한
선수들을 향해 건넨 조언이자 격려의 말입니다.

☕ 와카메 센세의 토닥토닥

돌아가는 길이 초조하게 느껴질 때도 있지만,
그 길에만 피어 있는 꽃이 있다는 걸 잊지 마세요.
여러분이 걷는 그 길도, 분명 누군가에게는 아름다운 풍경이 될 테니까요.

ところで平凡な俺よ

下を向いている暇はあるのか。

回り道には回り道にしか咲いてない花があんだからさ。

- 「~ている暇はあるのか」는 '~하고 있을 틈은 있는가'라는 뜻으로 상대방이나 자기 자신을 재촉하거나 다그칠 때 쓰는 표현입니다.
- 「~しか~ない」는 '~밖에 ~않다, ~밖에 ~없다'라는 뜻으로 수량이나 범위가 제한되어 있음을 나타낼 때 사용하는 표현입니다.
- 「あんだからさ」는 「あるんだからさ」의 회화체로 '있으니까 말이야'라는 뜻이며, 이유를 덧붙여 설명하면서 가볍게 강조할 때 쓰는 표현입니다.

단어 정리

平凡だ 평범하다 | 下を向く 고개를 숙이다 | 暇 틈, 여유 | 回り道 돌아서 가는 길, 우회로 |
咲く (꽃이) 피다 | 花 꽃

작은 희망이 나를 살려 내

📝 오늘의 문장

お前が明日死ぬのなら
僕の命は明日まででいい。
お前が今日を生きてくれるなら、
僕もまた今日を生きていこう。

네가 내일 죽는다면
내 목숨은 내일까지로 괜찮아.
네가 오늘을 살아 준다면,
나도 다시 오늘을 살아갈게.

🎣 출처

TV 애니메이션 『化物語 바케모노가타리』 제1화에서 주인공 아라라기 코요미가
전학생 센조가하라 히타기에게 건네는 대사로, 누군가와 함께 나아간다는
것의 의미와 희망을 전하는 장면이에요.

☕ 와카메 센세의 토닥토닥

누군가를 진심으로 아낄 때, 그 사람이 살아가는 하루하루가
곧 내가 살아갈 이유가 되기도 해요.
내일이 막막하더라도, 오늘을 살아가는 당신을 보며 나 역시 하루를 버텨내요.
여러분의 존재만으로도, 누군가에게는 분명 희망이 될 수 있어요.

お前が明日死ぬのなら

僕の命は明日まででいい。

お前が今日を生きてくれるなら、

僕もまた今日を生きていこう。

- 「~のなら」는 '~라면', ~하는 것이라면'이라는 뜻으로 앞의 상황을 가정하거나 전제로 삼아 뒤의 의지나 판단을 나타낼 때 사용하는 조건 표현입니다.
- 「~まででいい」는 '~까지로 괜찮다, ~까지만으로도 괜찮다'라는 뜻으로 자신이 받아들일 수 있는 범위나 만족함을 나타낼 때 자주 사용합니다.

단어 정리

死ぬ 죽다 | 命 목숨, 생명

DAY 086 힘들어도, 나는 자라고 있어

✍ 오늘의 문장

死んだ生き物は土に還るだけなんだよ。
べそべそしたって戻ってきやしねぇんだよ。
どんなに惨めでも恥ずかしくても、
生きてかなきゃならねぇんだぞ。

죽은 생물은 흙으로 돌아갈 뿐이야.
엉엉 울어 봤자 다시 되돌아올 수 없어.
아무리 비참해도 부끄러워도,
살아가야 해.

🐾 출처

이 대사는 애니메이션 영화 『劇場版「鬼滅の刃」無限列車編 극장판 귀멸의 칼날 무한열차편』에서 동료를 잃고 절망에 빠진 탄지로 일행에게 이노스케가 전하는 절절한 메시지예요.

울고 싶고, 주저앉고 싶을 때조차 결국 '살아내는 것'이야말로 진정한 성장이라는 뜻을 담고 있어요. 살아 있다는 사실 그 자체가 증거이며, 앞으로 나아갈 힘이 되어 줍니다.

☕ 와카메 센세의 토닥토닥

지금 아무리 힘들고 아무리 눈물이 흘러도 괜찮아요.
여러분은 분명히 자라고 있어요.
'살아내는 그 시간'이 언젠가 작은 기적이 되어 줄 테니까요.

死んだ生き物は土に還るだけなんだよ。

べそべそしたって戻ってきやしねぇんだよ。

どんなに惨めでも恥ずかしくても、

生きてかなきゃならねぇんだぞ。

표현 해설

- 「~やしねぇ」는 '(절대) ~할 수 없다, ~하지 않는다'라는 뜻의 강한 부정 표현으로 「~やしない」의 남성적이고 거친 말투입니다.

- 「~なきゃならない」는 「~なければならない」의 축약 표현으로, '~하지 않으면 안 된다, ~해야 한다'라는 뜻이며 의무나 필요를 나타낼 때 쓰입니다. 여기에서는 「生きてかなきゃならない」를 강한 남성 어조로 바꾸어 「生きてかなきゃならねぇ」로 표현하였습니다.

- 「~ぞ」는 강한 의지나 명령 또는 강조를 나타낼 때 사용하는 종조사로, '~야!, ~라고!'와 같은 뉘앙스를 갖습니다. 주로 회화체에서 남성이 자신의 생각이나 의지를 강하게 표현할 때 사용합니다.

단어 정리

生き物 생물, 생명체 | 土 흙 | 還る 돌아가다 | 戻る 되돌아오다, 되돌아가다 | 惨めだ 비참하다

중요한 건 지금 이 순간

✍ 오늘의 문장

前向きのバカならまだ可能性はあるが、

後ろ向きのバカは可能性すらゼロ……

明日から頑張るんじゃない……

今日だけ頑張るんだっ……！

앞을 향하는 바보라면 아직 가능성은 있지만,
뒤를 향하는 바보는 가능성조차 제로…….
내일부터 열심히 하는 것이 아니야…….
오늘만 열심히 해……!

🥄 출처

TV 애니메이션 『賭博黙示録カイジ 도박묵시록 카이지』 1기 제1화에 등장
하는 대사로, 도박과 인생의 밑바닥을 그린 이야기 속에서, '지금 이 순간'의
중요성을 강하게 일깨워 주는 장면이에요.
현실을 회피하지 않고 정면으로 마주할 용기의 필요성을 전하고 있죠.

☕ 와카메 센세의 토닥토닥

내일부터 열심히 하겠다는 말, 우리 참 자주 하죠.
하지만 정말 중요한 건 바로 '오늘'이에요.
오늘 하루만 해 보자, 그렇게 생각해 보세요.
내 안의 가능성은 바로 지금 이 순간부터 자라기 시작하니까요.

前向きのバカならまだ可能性はあるが、

後ろ向きのバカは可能性すらゼロ……

明日から頑張るんじゃない……

今日だけ頑張るんだっ……！

- 「~なら」는 '~라면'이라는 뜻의 조건 표현으로, 앞에서 언급한 사실이나 대상을 전제로 가정할 때 사용합니다.
- 「~んじゃない」는 「~のではない」의 회화체 표현으로 '~하는 것이 아니야'라는 뜻을 나타내며, 부정을 강조하거나 상대방을 따끔하게 지적할 때 사용합니다.
- 「~んだっ」은 「~のだ」의 강한 회화체 표현으로 말하는 사람의 강한 의지나 감정을 나타낼 때 사용합니다. 끝에 붙은 「っ」는 말투에 힘을 실어 강조하는 역할을 합니다.

단어 정리

前向き 앞을 향함, 긍정적 | 後ろ向き 뒤를 향함, 부정적 | 頑張る 열심히 하다, 힘내다, 노력하다

지금 모습도 참 예뻐

📝 오늘의 문장

まっすぐ走ってきたつもりがいつの間にか泥だらけだ。
だがそれでも一心不乱に突っ走ってりゃ
いつか泥も乾いて落ちんだろ。
小汚くても自分らしく生きてく事の方がよっぽど上等だ。

똑바로 달려왔다고 생각했는데 어느새인가 진흙투성이다.
그래도 한마음으로 열중하며 내달리고 있으면
언젠가 진흙도 말라서 떨어지겠지.
꾀죄해도 자신답게 살아가는 것 쪽이 훨씬 훌륭하다.

📎 출처

이 대사는 TV 애니메이션『銀魂 은혼』후반부의 진중한 분위기 속에서 등장하며, 삶의 방식과 자존감에 대해 깊은 메시지를 전하고 있어요. 평소 개그 중심의 작품이지만, 때때로 인생을 통찰하는 명대사로 팬들에게 큰 사랑을 받아 왔습니다.

☕ 와카메 센세의 토닥토닥

조금 지저분해져도 괜찮아요. 나답게 사는 길은 언제나 멋진 여정이에요.
진흙이 마르고 떨어지는 그날까지, 오늘도 있는 그대로의 나로 충분해요.

まっすぐ走ってきたつもりがいつの間にか泥だらけだ。

だがそれでも一心不乱に突っ走ってりゃ

いつか泥も乾いて落ちんだろ。

小汚くても自分らしく生きてく事の方がよっぽど上等だ。

표현 해설

- 「~たつもりが」는 '~했다고 생각했는데, ~한 줄 알았는데'라는 뜻으로 동사 과거형에 접속합니다. 자신의 예상이나 의도와 다른 결과가 되었을 때 사용하는 표현입니다.
- 「~てりゃ」는 「~ていれば」의 회화체 축약형으로 '~하고 있으면'이라는 조건을 나타낼 때 쓰는 표현입니다.
- 「~んだろ」는 「~のだろう」의 회화체 표현으로 상대와 공감하는 뉘앙스를 나타내거나 자신의 추측을 부드럽게 전달할 때 사용합니다.

단어 정리

いつの間にか 어느새인가 | ~だらけ ~투성이 | 一心不乱 한마음으로 열중함, 몰두함 |
突っ走る 내달리다, 전력으로 달리다 | 落ちる 떨어지다 | 小汚い 꾀죄하다, 조금 지저분하다 |
上等だ 훌륭하다, 수준 높다

다시 웃을 수 있어, 분명히

📝 오늘의 문장

最後まで……
希望を捨てちゃいかん。
あきらめたらそこで試合終了……だよ。

마지막까지…….
희망을 버리면 안 돼.
포기하면 거기에서 경기 종료……야.

출처

이 대사는 TV 애니메이션 『SLAM DUNK スラムダンク 슬램덩크』 제27화에서 안자이 감독이 주인공에게 전한 명언으로, 일본은 물론 한국에서도 수많은 팬들의 가슴에 깊이 남은 장면이에요. 이 말은 '포기하지 않는 한 끝이 아니다' 라는 희망의 메시지를 전하고 있습니다.

☕ 와카메 센세의 토닥토닥

지금 힘들다고 해서 끝이 아니에요. 희망을 놓지 않는 한,
여러분의 경기는 계속되고 있어요.
단 한 걸음이라도 앞으로 나아가려는 여러분을 저는 응원합니다.

最後まで……

希望を捨てちゃいかん。

あきらめたらそこで試合終了……だよ。

- 「~ちゃいかん」은 「~てはいけない」의 회화체 축약 표현으로 '~하면 안 된다'라는 뜻입니다. 특히 간사이 지역이나 스포츠 현장 등에서 강한 금지를 나타낼 때 자주 사용합니다.

단어 정리

捨てる 버리다 | あきらめる 포기하다 | 試合終了 경기 종료

난 결국 빛나게 될 거야

✍ 오늘의 문장

あめ ま かぜ ま
雨ニモ負ケズ 風ニモ負ケズ
ゆき なつ あつ ま
雪ニモ夏ノ暑サニモ負ケヌ
じょう ぶ
丈夫ナカラダヲモチ

비에도 지지 않고 바람에도 지지 않고
눈에도 여름의 더위에도 지지 않는다
튼튼한 몸을 가지고

🐚 출처

『雨ニモ負ケズ 비에도 지지 않고』는 일본의 시인 미야자와 겐지(宮沢賢治)가 말년에 남긴 수기 형식의 시로, 인생의 고난에도 꿋꿋하게 살아가는 자세를 담고 있어요. 원문은 독특하게 가타카나로 쓰였지만, 내용은 따뜻하고 강한 메시지를 전달합니다. 지금도 많은 일본인이 위로와 용기를 얻는 대표적인 시로 사랑받고 있어요.

☕ 와카메 센세의 토닥토닥

비바람, 눈보라, 더위에도 지지 않고 걸어 온 여러분이라면
"난 결국 빛나게 될 거야"라는 말은 결코 헛된 약속이 아닙니다.
천천히 걸어도, 천천히 해도 괜찮아요.
여러분의 빛나는 순간은 반드시 올 테니까요.

雨ニモ負ケズ 風ニモ負ケズ

雪ニモ夏ノ暑サニモ負ケヌ

丈夫ナカラダヲモチ

표현 해설

- 「~ニモ負ケズ(~にも負けず)」는 '~에도 지지 않고'라는 뜻으로 반복되는 시련이나 어려움에도 굴복하지 않는 굳건한 자세를 나타내는 표현입니다.
- 「~ズ(~ず)」는 '~하지 않고'라는 뜻의 문어체 부정 표현으로 「~ないで」의 격식 있는 형태입니다. 주로 격식 있는 글이나 문학 작품 등에서 사용합니다.
- 「~ヌ(~ぬ)」는 '~하지 않는다'라는 뜻의 고전적인 부정 표현으로, 현대어의 「~ない」에 해당합니다. 주로 문학 작품이나 격식 있는 글, 또는 옛 말투를 재현할 때 사용합니다.
- 「~ヲモチ(~をもち)」는 '~을/를 가지고'라는 뜻으로 격식 있는 표현에서 주로 사용되며, 사람이나 사물의 성질, 능력, 상태 등을 설명할 때 사용합니다.

단어 정리

負ける 지다 | **暑さ** 더위 | **丈夫だ** 튼튼하다

PART 10

삶 ✉

살아낸 날들의 기록

인생, 존재, 흔적

내가 살아 있다는 증거

✏️ 오늘의 문장

人って、迷って悩んで失敗して、
そうして大きくなってくと思う。
思いっきり迷えばいいよ。
それも生きてる証だと思う。

사람은, 방황하고 고민하고 실패하고,
그렇게 성장해 간다고 생각해.
실컷 방황하면 괜찮아.
그것도 살아 있다는 증거라고 생각해.

🖐 출처

이 대사는 TV 애니메이션 『FAIRY TAIL フェアリーテイル 페어리 테일』
제504화에서 주인공 루시가 친구를 위로하며 전한 말이에요.
이 장면은 감정적으로 흔들리거나 방황하는 순간에도 상대를 다독이며,
'방황하고 실수하는 것도 성장의 과정이며, 그 자체로 살아 있다는 증거'
라는 메시지를 전하고자 하는 의도가 담겨 있어요.

☕ 와카메 센세의 토닥토닥

실패도, 고민도, 모두 나를 만드는 조각들이에요.
흔들리는 오늘이 언젠가 누군가에게 따뜻한 위로가 되어 줄 거예요.

人<ruby>って<rt></rt></ruby>、迷って悩んで失敗して、

そうして大きくなってくと思う。

思いっきり迷えばいいよ。

それも生きてる証だと思う。

📝 표현 해설

- 「~って」는 회화에서 어떤 말을 꺼낼 때, '~은/는 (말이야)'처럼 주제를 자연스럽게 소개할 때 쓰는 표현입니다.
- 「~てく」는 「~ていく」의 회화체 축약형으로 '~해 가다'라는 뜻입니다. 어떤 동작이나 변화가 앞으로 진행되거나 시간이 흐르면서 전개되는 방향을 나타낼 때 사용합니다.

📝 단어 정리

迷う 방황하다, 헤매다 | 大きくなる 성장하다 | 思いっきり 실컷, 마음껏 | 証 증거

누군가의 기억 속에 남아

✎ 오늘의 문장

生きているということは
誰かに知ってもらって
覚えていてもらうことだ。

살아 있다는 것은
누군가가 알아주고
기억해 주는 것이다.

🐚 출처

이 대사는 TV 애니메이션 『葬送のフリーレン 장송의 프리렌』 제1화에 등장하며, '죽음 이후에도 살아가는 자의 이야기'라는 작품의 주제를 상징적으로 담아낸 인상 깊은 문장이에요. 살아 있다는 것, 자체의 의미를 생각하게 만드는 장면입니다.

☕ 와카메 센세의 토닥토닥

누군가의 하루 속, 마음 속, 기억 어딘가에
여러분이 스쳐간 흔적이 남아 있다면,
그건 분명 살아 있다는 가장 따뜻한 증거예요.
오늘도 그런 하루를 충분히 잘 살아가고 있어요.

生きているということは

誰かに知ってもらって

覚えていてもらうことだ。

- 「~ということは」는 '~라는 것은'이라는 뜻으로 앞에 말한 내용을 요약하거나 정의할 때 사용합니다.
- 「~てもらう」는 '(남이) ~해 주다'라는 뜻으로 상대방이 나를 위해 어떤 행동을 해 주는 것을 나타내는 표현입니다. 주로 부탁한 것을 상대방이 들어 주었을 때 사용합니다.

단어 정리

生きている 살아 있다 | **誰かに** 누군가에게 | **覚える** 기억하다

나의 이야기는 계속된다

✍ 오늘의 문장

引退なんて言わないよ。

物語はまだ続くんだから。

また、ここから始めるだけだ。

은퇴 따위 말하지 않아.
이야기는 아직 계속되니까.
또, 여기서부터 시작할 뿐이야.

🐚 출처

이 문장은 스튜디오 지브리의 창립자 미야자키 하야오(宮崎駿) 영화감독이
은퇴 관련 인터뷰에서 남긴 말로 알려져 있어요.
'이야기는 끝나지 않는다, 또 다른 시작이 있을 뿐이다'라는 그의 말 속에는
창작에 대한 깊은 철학이 담겨 있습니다.

☕ 와카메 센세의 토닥토닥

지금이 끝처럼 느껴져도 괜찮아요.
우리가 펜을 놓지 않는 한, 이야기는 계속 될 수 있으니까요.
다음 한 줄, 또 한 페이지……
여러분의 이야기를 계속 써 내려가 봐요.

引退なんて言わないよ。

物語はまだ続くんだから。

また、ここから始めるだけだ。

● 「~だけだ」는 '~할 뿐이다'라는 뜻으로 자신의 행동이나 상황을 겸손하거나 담담하게
표현할 때 사용합니다.

단어 정리

引退 은퇴 | 物語 이야기, 전설

DAY 094

평범한 하루가 쌓여 인생이 된다

✏️ 오늘의 문장

明日から頑張るんじゃない。

今日……今日だけがんばるんだっ……！

今日を頑張り始めた者にのみ……

明日がくるんだよ……！

내일부터 열심히 하는 게 아니야.

오늘…… 오늘만이라도 열심히 해 보는 거야……!

오늘을 열심히 시작한 사람에게만…….

내일이 오는 거라고……!

🐭 출처

이 대사는 TV 애니메이션 『賭博黙示録カイジ 도박묵시록 카이지』 1기 제26화에서 등장합니다. 지하 노역장에서 오오츠키 반장이 부하 직원들에게 '내일이 아닌 오늘 하루에 집중해야 미래가 온다'라는 메시지를 전하는 장면이에요. 단순한 교훈이 아닌, '지금 이 순간'이 인생의 출발점이라는 깊은 울림을 전해 줍니다.

☕ 와카메 센세의 토닥토닥

내일은 저절로 오지 않아요.
오늘 하루를 진심으로 다한 사람에게
비로소 내일이 시작되죠.
내일을 바꾸는 힘은 바로 '지금'에 있다는 것을 잊지 말아 주세요.

明日（あした）から頑張（がんば）るんじゃない。

今日（きょう）……今日（きょう）だけがんばるんだっ……！

今日（きょう）を頑張（がんば）り始（はじ）めた者（もの）にのみ……

明日（あした）がくるんだよ……！

- 「~た者」는 '~한 사람'이라는 뜻으로 「~た」는 과거형, 「者」는 사람을 나타내는 말입니다. 주로 문학적이거나 격식 있는 표현에서 사용되며, 상황에 따라 자신이나 타인을 낮추어 부르거나 특정한 경험이나 성격을 가진 사람을 가리킬 때 사용합니다.
- 「~にのみ」는 '~에게만, ~에만'이라는 뜻으로 특정 대상이나 범위를 한정하여 강조할 때 사용하며 「~だけ」보다 격식 있는 표현입니다.
- 「~んだよ」는 어떤 사실을 설명하거나 강조할 때 사용하며, 말하는 사람의 감정을 부드럽게 전달하는 표현입니다.

단어 정리

者（もの） 사람, 자

말은 씨가 되고,
문장은 삶이 된다

✍ 오늘의 문장

けいぞく　ちから
継続は力なり。

こと ば　　　　　つづ　　　　ちから
言葉もまた、続ければ力になる。

ちい　　　ひとこと　　　　　　だれ　　　　じんせい　　うご
小さな一言が、やがて誰かの人生を動かす。

지속은 힘이 된다.
말도 또한, 계속하면 힘이 된다.
작은 한마디 말이, 결국 누군가의 인생을 움직이게 한다.

🐚 출처

이 말은 시인 스미오카 야코(住岡夜晃)의 『讃嘆の詩 찬탄의 시』 속 구절 「念願은 人格을 決定す、継続は力なり 간절한 바람은 인격을 결정하고, 지속은 힘이 된다」에서 유래된 것으로 전해집니다. 이후 많은 일본인들이 좌우명처럼 사용하며, 오늘날까지도 꾸준히 인용되는 말이 되었어요.

☕ 와카메 센세의 토닥토닥

말은 마음의 반영이자, 삶을 움직이는 시작이에요.
오늘 여러분이 쓰는 말 한 줄,
그것이 결국 여러분의 내일을 만들어 줄지도 몰라요.

継続は力なり。

言葉もまた、続ければ力になる。

小さな一言が、やがて誰かの人生を動かす。

- 「継続は力なり」는 '지속은 힘이 된다, 계속하면 힘이 된다'라는 뜻의 일본 속담으로 어떤 일을 멈추거나 쉬지 않고 계속하는 것의 중요성을 강조합니다.
- 「~になる」는 '~이/가 되다'라는 뜻으로 어떤 대상의 상태나 상황이 변화하는 것을 나타내는 표현입니다.

단어 정리

継続 지속, 계속 | 小さな 작은 | 一言 한마디 말 | やがて 결국 | 動かす 움직이게 하다, 움직이다

내가 나를 증명하는 방법

오늘의 문장

"才能"とは
"己の能力を証明する力" のことだ。
それを俺は "天才" と呼ぶ。

'재능'이란
'자기 자신의 능력을 증명하는 힘'이라는 것이다.
그것을 나는 '천재'라고 부른다.

출처

이 문장은 일본의 인기 축구 만화『ブルーロック 블루 록』제7권 56화에서, 지도자 에고 진파치가 재능과 천재성에 대해 말하는 대사예요. 실력으로 모든 것을 증명해야 하는 축구 세계를 배경으로 한 이 작품은 자기 증명과 개성의 충돌을 중심 주제로 삼아 많은 청소년과 성인 독자들에게 자기 확신과 도전의 메시지를 전하고 있어요.

와카메 센세의 토닥토닥

누군가의 기준이 아닌, 내가 나의 가능성을 증명하는 힘.
그걸 '재능'이라 말해 주는 사람이 있다는 것만으로도,
우리는 다시 나아갈 용기를 얻어요.
오늘도 여러분 안의 재능이 빛나길 바라요.

 "才能"とは

"己の能力を証明する力"のことだ。

それを俺は "天才" と呼ぶ。

표현 해설

- 「~とは~のことだ」는 '~란 ~라는 것이다'라는 뜻으로 단어나 개념을 정의하거나 설명할 때 쓰는 표현입니다.
- 「それを~と呼ぶ」는 '그것을 ~라고 부른다'라는 뜻으로 대상이나 개념의 이름을 정의할 때 쓰는 인용 표현입니다.

단어 정리

己 자기 자신 | 力 힘

DAY 097

사라지지 않는 온기

✍ 오늘의 문장

記憶がなくても、
心が感情を覚えている。
強い感情は忘れない。

기억이 없어도,
마음이 감정을 기억하고 있어.
강한 감정은 기억이 없어지지 않아.

🐚 출처

드라마 『アンメット-ある脳外科医の日記- 언멧, 어느 뇌외과의의 일기』
제1화에서 의사 삼페이 유지가 환자를 위로하며 전한 대사예요.
기억은 사라질지라도 마음에 남은 감정과 온기는 결코 없어지지 않는다는
메시지를 담고 있어요.

☕ 와카메 센세의 토닥토닥

시간이 지나면 많은 것들이 흐릿해지지만,
그때 느꼈던 마음의 온기만은 쉽게 사라지지 않아요.
여러분의 따뜻했던 순간들 또한 분명 어딘가에서 여전히 빛나고 있을 거예요.

記憶がなくても、

心が感情を覚えている。

強い感情は忘れない。

표현 해설

• 「~ない」는 '~하지 않다, ~하지 않는다'라는 뜻의 부정 표현으로 상황에 따라 강한 부정이나 결심을 나타낼 때 사용할 수 있습니다.

단어 정리

忘れる 기억이 없어지다, 잊다

나를 닮은 문장 하나

✍ 오늘의 문장

じ ぶん　　 こと ば　　　かた
自分の言葉で語ること。

　　　　　　　い
それが、生きるということだと、

ぼく　　 おも
僕は思う。

자신의 말로 이야기하는 것.
그것이, 산다는 것이라고,
나는 생각한다.

🖊 출처

소설가 무라카미 하루키(村上春樹)가 심리학자 가와이 하야오(河合隼雄)와의 대담집 『村上春樹、河合隼雄に会いにいく 무라카미 하루키, 가와이 하야오를 만나러 가다』에서 한 말이에요.
'자기 자신의 말로 이야기하는 것, 그것이 바로 산다는 것이다'라는 이 문장은 우리가 언어로 자신을 표현하며 살아가는 행위가 얼마나 인간다운 것인지를 잘 보여 줍니다.

☕ 와카메 센세의 토닥토닥

누군가의 말이 아니라, '나의 말'로 세상을 바라보는 순간,
그것이 바로 여러분이 가장 '나답게' 살아가는 순간이에요.
오늘 하루, 여러분 자신을 닮은 문장 하나를 써 보세요.

<ruby>自分<rt>じ ぶん</rt></ruby>の<ruby>言葉<rt>こと ば</rt></ruby>で<ruby>語<rt>かた</rt></ruby>ること。

それが、<ruby>生<rt>い</rt></ruby>きるということだと、

<ruby>僕<rt>ぼく</rt></ruby>は<ruby>思<rt>おも</rt></ruby>う。

- 「~ということだ」는 '~라는 것이다'라는 뜻으로 앞에 제시된 내용을 정리하여 개념이나 의미를 설명하거나 결론을 제시할 때 사용하는 표현입니다.

단어 정리

<ruby>語<rt>かた</rt></ruby>る 이야기하다, 표현하다

함께 나아가며 찾는 진정한 행복

✍ 오늘의 문장

きっとみんなの 本当（ほんとう）の 幸（さいわ）いを探（さが）しに行（い）く。

どこまでもどこまでも僕（ぼく）たち一緒（いっしょ）に進（すす）んで行（い）こう。

ああ、きっと行（い）くよ。

분명 모두의 진정한 행복을 찾으러 갈 거야.
어디까지라도 어디까지라도 우리 함께 나아가자.
아아, 분명 갈 거야.

🐚 출처

미야자와 겐지(宮沢賢治)의 소설 『銀河鉄道の夜 은하철도의 밤』 속 구절이
에요. 별빛 아래에서 '모두의 진정한 행복'을 찾기 위해 두 소년이 함께 나아
가자고 약속하는 대목으로, 서로 다른 존재들이 모여 하나의 따뜻한 이야기를
만들어 가는 모습을 보여 줍니다.

☕ 와카메 센세의 토닥토닥

각자의 마음과 하루가 모이면 하나의 문장이 되고,
함께 나아가는 이야기가 돼요.
오늘 한 걸음을 온전히 살아가는 여러분에게
진정한 행복이 조금씩 찾아올 거예요.

きっとみんなの 本当の 幸いを探しに行く。

どこまでもどこまでも僕たち一緒に進んで行こう。

ああ、きっと行くよ。

- 「~に行く」는 '~하러 가다'라는 뜻으로 어떤 목적을 위해 이동할 때 사용하는 표현입니다.
- 「行こう」는 동사 「行く」의 의지형으로 '가자' 또는 '가야지'라는 뜻입니다. 말하는 사람이 상대방에게 함께 어떤 행동을 하자고 제안하거나 스스로의 의지를 나타낼 때 사용합니다.

단어 정리

幸い 행복, 다행 | 探す 찾다

마지막 문장,
그리고 새로운 시작

오늘의 문장

千里の道も一歩から。

七転び八起きを胸に、

続けてこそ道は開ける。

천 리 길도 한 걸음부터.
칠전팔기를 가슴에,
계속해야만 비로소 길은 열린다.

출처

이 문장은 일본 속담 「千里の道も一歩から 천 리 길도 한 걸음부터」와
「七転び八起き 일곱 번 넘어져도 여덟 번 일어난다」에서 영감을 받아
구성한 것입니다. 전통적으로 널리 알려진 이 속담들은 '계속해서 나아가면
길이 열린다'는 삶의 지혜를 담고 있어요.

와카메 센세의 토닥토닥

여러분, 끝까지 달려온 100일 정말 고생 많았어요. 넘어져도 다시 일어서는
그 마음이 결국 새로운 길을 열어 줍니다. 작별조차도 새로운 만남의 시작이
되니, 여러분의 여정은 아직 끝나지 않았어요.

せん り みち いっ ぽ
千里の道も一歩から。

ななころ や お むね
七転び八起きを胸に、

つづ みち ひら
続けてこそ道は開ける。

📝 표현 해설

- 「~も~から」는 '~도 ~부터'라는 뜻으로 아무리 큰 일이라도 작은 출발에서 시작된다는 점을 강조할 때 사용합니다.
- 「七転び八起き」는 '일곱 번 넘어져도 여덟 번 일어난다'라는 뜻으로 어떤 어려움이나 실패에 굴하지 않고 계속 일어나 노력한다는 의미를 나타냅니다.
- 「~てこそ」는 '~해야만 비로소'라는 뜻으로 어떤 결과가 성립하기 위한 필수 조건을 강조하는 표현입니다.

📝 단어 정리

千里 천 리, 아주 먼 거리 | **七転び八起き** 칠전팔기 | **開ける** (닫히거나 막힌 것이) 열리다, 트이다

마음에 남겨 두고 싶은

일본어 문장 50

이 부록에는 드라마, 영화, 애니메이션, 소설 속 장면들 가운데
오래 마음에 남았던 일본어 문장들을 담았습니다.

❶ 君と過ごした時間は、全部本物だった。

너와 보낸 시간은, 전부 진짜였다.

[출처] 영화 『花束みたいな恋をした 꽃다발 같은 사랑을 했다』

❷ 好きという気持ちは、簡単に消えない。

좋아한다는 마음은, 쉽게 사라지지 않는다.

[출처] 드라마 『First Love 初恋 퍼스트 러브 하츠코이』

❸ ただそばにいる、それだけでよかった。

그저 곁에 있다, 그것만으로 충분했다.

[출처] 드라마 『逃げるは恥だが役に立つ 도망치는 건 부끄럽지만 도움이 된다』

❹ 何気ない瞬間が、一番愛おしい。

아무렇지 않은 순간이, 가장 사랑스럽다.

[출처] 영화 『そして父になる 그렇게 아버지가 된다』

❺ 好きな人がいる、それだけで世界は変わる。

좋아하는 사람이 있다, 그것만으로 세상은 달라진다.

[출처] 애니메이션 영화 『四月は君の嘘 4월은 너의 거짓말』

❻ 恋は、理由より気持ちが先に来る。

사랑은, 이유보다 마음이 먼저 온다.

출처　소설 『ノルウェイの森 상실의 시대』

❼ 大切に思える人がいることが、幸せだ。

소중하게 생각되는 사람이 있는 것이, 행복이다.

출처　드라마 『カルテット 콰르텟』

❽ 言葉にしなくても、伝わる想いがある。

말로 하지 않아도, 전해지는 마음이 있다.

출처　애니메이션 영화 『言の葉の庭 언어의 정원』

❾ 恋をした時間が、私を大人にした。

사랑을 했던 시간이, 나를 어른으로 만들었다.

출처　영화 『Love Letter 러브레터』

❿ 君を想う気持ちが、今の私を作った。

너를 생각하는 마음이, 지금의 나를 만들었다.

출처　드라마 『東京ラブストーリー 도쿄 러브스토리』

⑪ さよならは、終わりじゃない。

안녕은, 끝이 아니다.

出処　TV 애니메이션 『ヴァイオレット・エヴァーガーデン 바이올렛 에버가든』

⑫ 忘れようとするほど、思い出す。

잊으려 할수록, 떠오른다.

出処　드라마 『MOTHER マザー 마더』

⑬ 会えなくなっても、想いは残る。

만나지 못해도, 마음은 남는다.

出処　영화 『Love Letter 러브레터』

⑭ 思い出は、時間と一緒に生きている。

추억은, 시간과 함께 살아있다.

出処　영화 『海街diary 바닷마을 다이어리』

⑮ 大切だったから、苦しい。

소중했기 때문에, 아프다.

出処　드라마 『最愛 최애』

❶❻ 「さようなら」は言わなかった。ただ静かに背を向けた。

"잘 가"라는 말은 하지 않았다. 그저 조용히 등을 돌렸다.

출처　드라마 『1リットルの涙 1리터의 눈물』

❶❼ あの時間は、今も私の中にある。

그 시간은, 지금도 내 안에 있다.

출처　영화 『万引き家族 어느 가족』

❶❽ 別れには、整理する時間が必要だ。

이별에는, 정리하는 시간이 필요하다.

출처　드라마 『いつかこの恋を思い出してきっと泣いてしまう 언젠가 이 사랑을 떠올리면 분명 울어버릴 것 같아』

❶❾ 忘れたくない気持ちが、ここにある。

잊고 싶지 않은 마음이, 여기에 있다.

출처　TV 애니메이션 『あの日見た花の名前を僕達はまだ知らない。 그날 본 꽃의 이름을 우리는 아직 모른다.』

❷⓿ 大切な人は、心に住み続ける。

소중한 사람은, 마음속에 계속 산다.

출처　소설 『博士の愛した数式 박사가 사랑한 수식』

㉑ 嫌いなことを無理してやる必要はないよ。

싫은 일을 억지로 할 필요는 없어.

[출처] 영화 『orange オレンジ 오렌지』

㉒ 弱い自分も、私の一部だ。

약한 나도, 나의 일부다.

[출처] TV 애니메이션 『ヴァイオレット・エヴァーガーデン 바이올렛 에버가든』

㉓ 比べるのをやめたとき、楽になる。

비교하는 것을 멈췄을 때, 편안해진다.

[출처] 드라마 『凪のお暇 나기의 휴식』

㉔ そのままの自分で、いい。

그대로의 나로, 괜찮아.

[출처] 드라마 『嫌われる勇気 미움받을 용기』

㉕ 自分の心に、嘘をつかない。

내 마음에, 거짓말을 하지 않는다.

[출처] 영화 『海街diary 바닷마을 다이어리』

㉖ 君は君のままでいい。無理しなくていいんだよ。

너는 너 그대로 괜찮아. 무리하지 않아도 괜찮아.

出처 애니메이션 영화 『聲の形 목소리의 형태』

㉗ 自分を知ることは、一生の仕事だ。

나를 아는 일은, 평생의 일이다.

出처 소설 『こころ 마음』

㉘ 迷う自分も、悪くない。

망설이는 나도, 나쁘지 않다.

出처 드라마 『カルテット 콰르텟』

㉙ 自分を守る選択も、勇気だ。

자신을 지키는 선택도, 용기다.

出처 드라마 『MOTHER マザー 마더』

㉚ 私は、私でいる。

나는, 나답게 살아간다.

出처 애니메이션 영화 『君たちはどう生きるか 그대들은 어떻게 살 것인가』

31 勇気を出すって、決めたの。

용기를 내겠다고, 결심했어.

[출처] 드라마 『君に届け 너에게 닿기를』

32 一歩踏み出した時点で、十分だ。

한 걸음 내디딘 시점에서, 충분하다.

[출처] 드라마 『重版出来! 중쇄를 찍자!』

33 怖いと思えるのは、進もうとしている証拠だ。

두렵다고 생각되는 건, 나아가려는 증거다.

[출처] TV 애니메이션 『ハイキュー!! 하이큐!!』

34 やらない後悔より、やった後悔。

하지 않은 후회보다, 해본 후회.

[출처] 영화 『ビリギャル 불량소녀, 너를 응원해!』

35 失敗は、挑戦した証だ。

실패는, 도전했다는 증거다.

[출처] 드라마 『ドラゴン桜 드래곤 사쿠라』

㊱ 小さな決心が、道を変える。

작은 결심이, 길을 바꾼다.

출처　영화 『日日是好日 일일시호일』

㊲ 自分を信じると、前に進める。

나를 믿으면, 앞으로 나아갈 수 있다.

출처　드라마 『半沢直樹 한자와 나오키』

㊳ 選んだ道を、正解にする。

선택한 길을, 정답으로 만든다.

출처　다큐멘터리 『プロフェッショナル仕事の流儀 프로페셔널 일의 방식』

㊴ 未来は自分の手で拓くものだ。

미래는 자신의 손으로 개척하는 것이다.

출처　영화 『ALWAYS 三丁目の夕日 올웨이즈 3번가의 석양』

㊵ まだ、始まったばかりだ。

아직, 시작에 불과하다.

출처　TV 애니메이션 『新世紀エヴァンゲリオン 신세기 에반게리온』

㊶ 生きてるだけで、まるもうけ。

살아 있는 것만으로, 남는 장사야.

출처　후지TV 예능 『さんまのまんま 산마노만마』

㊷ 生きているだけで、十分な日がある。

살아 있는 것만으로, 충분한 날이 있다.

출처　드라마 『凪のお暇 나기의 휴식』

㊸ 何気ない一日が、人生になる。

아무렇지 않은 하루가, 인생이 된다.

출처　영화 『海街diary 바닷마을 다이어리』

㊹ 人生は、思っているより悪くない。

인생은, 생각보다 나쁘지 않다.

출처　소설 『夜は短し歩けよ乙女 밤은 짧아 걸어 아가씨야』

㊺ 今日を生きる、それでいい。

오늘을 산다, 그것으로 충분하다.

출처　영화 『日日是好日 일일시호일 』

㊻ 物語は、まだ続いている。

이야기는, 아직 계속되고 있다.

[출처]　영화 『万引き家族 어느 가족』

㊼ 時間は、少しずつ味方になる。

시간은, 조금씩 내 편이 된다.

[출처]　애니메이션 영화 『時をかける少女 시간을 달리는 소녀』

㊽ 生き方に、正解はない。

사는 방식에, 정답은 없다.

[출처]　다큐멘터리 『プロフェッショナル仕事の流儀 프로페셔널 일의 방식』

㊾ 今日の自分が、明日を作る。

오늘의 내가, 내일을 만든다.

[출처]　드라마 『半沢直樹 한자와 나오키』

㊿ 終わりは、いつも始まりを含んでいる。

끝은, 언제나 시작을 품고 있다.

[출처]　애니메이션 영화 『君たちはどう生きるか 그대들은 어떻게 살 것인가』

여러분께 드리는 마지막 편지

100일 동안 함께해 주셔서, 정말 고맙습니다.
하루 한 페이지씩 써 내려간 여러분의 손끝에는
조금 더 다정한 일본어와 조금 더 단단해진
자신이 남아 있을 거라 믿어요.

처음 이 책을 펼쳤을 때,
'잘할 수 있을까?'라는 마음이 앞섰을지도 몰라요.
하지만 포기하지 않고 끝까지 도착한 지금,
여러분은 이미 일본어를 사랑할 줄 아는 사람,
그리고 자신을 소중히 여길 줄 아는 사람이에요.

완벽하지 않아도 괜찮아요.
중요한 건, 끝까지 자신과의 약속을 지켰다는 사실이니까요.

이제는 여러분이 좋아하는 문장을
여러분의 속도로, 여러분만의 노트에 계속 써 보세요.
그 문장들은 언젠가
지금의 여러분을 떠올리게 해 줄 아름다운 기록이 될 거예요.

여러분과 함께한 이 시간, 정말 소중했습니다.
앞으로도 일본어와 마음을 다정하게 이어가는
여러분의 길을 언제나 응원할게요.

MEMO

MEMO